Deutsche Gedichte seit 1960

Eine Anthologie

Gesammelt und eingeleitet
von Heinz Piontek

Philipp Reclam jun. Stuttgart

Universal-Bibliothek Nr. 9401-04

Schrift: Garamond-Antiqua. Printed in Germany 1972
Herstellung: Reclam Stuttgart
ISBN 3 15 009401 1 (kart.)
ISBN 3 15 009402 X (engl. Brosch.)

Vorwort

Diese Anthologie beginnt, womit die meisten Anthologien ähnlicher Art aufhören: mit der Gegenwart. Sie zeigt keine historischen Entwicklungen, sie steckt ein Feld ab. Ein Versuchsfeld. Hier wird also weder ›das Bleibende‹ noch ›das Schönste‹ aneinandergereiht, sondern einfach auf die Lyrik der allerletzten Jahre aufmerksam gemacht. Das scheint mir notwendig, weil die Meinung umgeht, das Gedicht hierzulande habe seinen Geist aufgegeben, die Lyriker hätten die Waffen gestreckt: eine Flaute katastrophalen Ausmaßes, vielleicht der Anfang vom Ende. Von einer Erschöpfung oder gar dem Absterben der poetischen Einbildungskraft kann aber nicht die Rede sein. Vielmehr handelt es sich um eine Flaute des Interesses. Die Aufmerksamkeit der Leserschaft hat sich von der Lyrik abgewandt, sie ist weitergewandert zu anderen Dingen. Die Zeit scheint der Poesie müde.

Das hat zahllose Gründe, die ich an dieser Stelle nicht erörtern kann. Doch wenigstens auf einen will ich hinweisen. Die Sättigung oder Übersättigung. In den fünfziger und frühen sechziger Jahren wurde die zeitgenössische Lyrik wie keine andere literarische Gattung zur Kenntnis genommen, ja als Aushängeschild der deutschen Nachkriegsliteratur vorgezeigt. Gottfried Benn war damals der meistdiskutierte Autor überhaupt. Als es sich herausstellte, daß George Forestier, Fremdenlegionär und Poet dazu, die Erfindung eines Herrn Karl Emerich Krämer war, schrieben darüber sämtliche Zeitungen. Begabungen, die kaum zwei, drei schmale Bände vorgelegt hatten, wurden über Nacht schulbuchreif. Es hagelte Anthologien. Seit dem Expressionismus hatte das moderne Gedicht keinen solchen Widerhall gefunden. Es liegt in der Natur der Sache, daß sich ein so hochgespanntes Interesse auf die Dauer nicht wachhalten läßt. Das Wegsterben der großen Alten, weitgehende Identifizierung der Poesie mit der Prosa – von den Lesern als Zumutung empfunden, gegen die sie sich mit der Frage ›Sind das überhaupt noch Gedichte?‹ wehren – sowie die umsichgreifende Politisierung und Radikalisierung der Dichtung beschleunigten das Erschlaffen beim Publikum.

Und doch haben die Lyriker nicht aufgegeben. Zwar, ihre Reihen haben sich gelichtet, aber von Nachwuchsmangel keine Spur. Zwanzig- und Dreißigjährige schreiben weiter Gedichte. Seit 1960 ist eine neue Generation dabei, sich zu artikulieren, sich allen Schwierigkeiten zum Trotz ihren eigenen Vers zu machen auf diese Zeit, diese Welt. Die leeren Plätze der berühmten Toten nehmen allmählich jene ein, die noch vor zwanzig Jahren als ihre Schüler galten. Sie haben inzwischen selber Schule gemacht – nicht dadurch, daß sie bei ihren Anfängen blieben und sie kultivierten, sondern neue Karten zogen, selbständige Muster entwarfen. Mit gutem Grund spricht man – um nur zwei Namen herauszugreifen – vom ›neuen Eich‹ oder ›neuen Krolow‹. Viele Autoren der mittleren Generation haben sich von ihrem Beginn weit entfernt. Das alles zu erhärten wird Aufgabe dieser Anthologie sein.

Denn die Fülle beziehungsweise Schwemme der Anthologien blieb es schuldig. Die frühesten aus den fünfziger Jahren sammelten zunächst einmal ein, was in der ersten Jahrhunderthälfte an vollkommenen Gebilden geschaffen worden war, um die Kontinuität des Gedichts aufzuzeigen, die unter den zwölf berüchtigten Jahren gelitten hatte, ja um überhaupt erst einmal einen Begriff von der lyrischen Moderne zu geben. Den Anfang machte das »Ergriffene Dasein« von Hans Egon Holthusen und Friedhelm Kemp. Die Mustergültigkeit dieser Anthologie ist rasch begriffen, oft nachgeahmt, nie wieder erreicht worden. Nur wenige konnten sich neben ihr behaupten und meist nur solche, die ihre Gedichte unter ein besonderes Thema stellten oder eine spezielle Form moderner Lyrik hervorhoben. Das Gros der Anthologisten begnügte sich, die ein-

mal gefundenen Glanz- und Paradestücke weiterzureichen. Wer sich demnach über den heutigen Stand der Lyrik informieren möchte, wird von den einschlägigen Sammelwerken, die zeitlich kaum über den Ausklang der fünfziger Jahre hinausreichen, weitgehend im Stich gelassen.
Das »Ergriffene Dasein« mit seinem für eine ganze Epoche bezeichnenden Titel ist also im Lauf von zwölf Auflagen historisch geworden. (Das gilt in ähnlicher Weise auch für die erfolgreiche Auswahl Willi Fehses, »Deutsche Lyrik der Gegenwart«, in der Universal-Bibliothek.) Die Zeit macht bei keiner Anthologie halt. Versuchten Holthusen und Kemp noch während der ersten Auflagen, den Autoren- und Gedichtbestand zu korrigieren, neu auftauchende, sich bewährende Namen einzugliedern, so haben sie in den letzten zehn Jahren ausdrücklich nichts mehr verändert – und gut daran getan. Denn Anthologien, die einen Zuschnitt haben, das heißt denen eine scharf analysierte sprachgeschichtliche Situation zugrunde liegt, lassen sich nicht durch das Anhängen des jeweils Neuesten endlos verlängern. Sie können dadurch nur ihr Profil verlieren.
Nach der ›postrevolutionären‹ Phase hat die deutsche Lyrik ihren Kanon von Ausdrucksmöglichkeiten und Spielarten erweitert. Mit dem Gegensatz *Naturlyrik und Bewußtseinslyrik* ist ihre heutige Lage nicht mehr auf eine Formel zu bringen. Der Benn-Rausch ist verflogen, Lehmann hat man zu den Akten gelegt, selbst die Anziehungskraft des großen Didaktikers Brecht scheint beträchtlich im Schwinden. Wohl ist der Brecht-Ton bei einigen Jüngeren dieser Anthologie, vor allem bei denen aus der DDR, als Unterton manchmal noch mitzuhören, insgesamt aber läßt sich sagen, daß die gegenwärtige Dichtung aus der produktiven Auseinandersetzung mit maßgebenden ausländischen Lyrikern weit mehr Nutzen gezogen hat. Gewiß, schon kurz nach dem Krieg war der Einfluß solcher Autoren wie T. S. Eliot und García Lorca oder Ezra

Pound und Saint-John Perse bei uns gelegentlich zu spüren, doch bald wurden diese modernen Klassiker von einem Schwarm nicht so repräsentativer, dafür ›ergiebigerer‹ Poeten in den Schatten gestellt. Ich nenne nur Neruda, Alberti, Char, Follain oder Dylan Thomas, W. C. Williams, Ungaretti und Majakowskij. Sicher haben die Allerjüngsten auch der amerikanischen Underground-Lyrik, einem Frank O'Hara etwa, einiges zu danken.

Im Gegensatz zum kanonisierten modernen Gedicht ist das heutige viel weniger ›schön‹. Die Vollkommenheit der Form nach ästhetischen Regeln, die selbst Revolutionäre wie Benn und Brecht selten zu ignorieren wagten, findet zur Zeit so gut wie keine Verfechter. Metrum, Reim, Strophenform, Wohlklang, Erlesenheit – all das ist einer trocknen, spröden, ja rüden Ausdrucksweise gewichen. Man verhält sich einsilbig, geizt mit Bildern, selbst in längeren Poemen kommt kaum Pathos auf. Niemand schreibt mehr für die Ewigkeit. Das heißt nicht, daß sämtliche Autoren der Anthologie sich darin einig wären, ihre Hervorbringungen hätten keinen Anspruch auf Beständigkeit, doch die Frage, ob dieses oder jenes Gedicht überdauern wird, hat ihr Gewicht verloren. Für eine Lyrik, die sich immer wieder selbst in Frage stellt, indem sie ihre Voraussetzungen offen, unerbittlich reflektiert, ist das bloße Existieren schon fast ein Wunder.

Aber nicht nur, was mit dem Begriff des *Meisterlichen,* also dem puren Können, zu tun hat, läßt diese Autoren kalt. Auch das Deuten großer Zusammenhänge, Spekulieren mit Ideen, das ›Allgemeine‹ findet bei ihnen kaum noch Anklang. Sie bleiben ausdrücklich bei dem, was sie in eigener Person erfahren haben. Das Besondere ist für sie nicht das Ungewöhnliche, sondern das Alltägliche. Das allerdings durchdringen sie mit einer Wahrnehmungsschärfe ohnegleichen. Ihr Denken hat dialektischen Schliff. Diese Gedichte unserer Zeit zeugen von einer neuen Vernunft. Alles Hochfliegende, Sich-Verströmende wird man hier vermissen. Nicht mit dem Herzen, schlicht mit dem Kopf wird gedacht. Kommt dennoch Leidenschaft ins Spiel, dann eine Leidenschaft der Unruhe. Sie läßt jenen Moralismus nicht erstarren, von dem offenbar alle diese Gedichteschreiber besessen sind. Wenn wir innewerden, daß wir leben, wollen wir auch erfahren, wie wir leben. Nicht anhand von repräsentativen Umfragen und Statistiken, sondern durch Empirie einzelner. Leben wird erträglicher durch die Solidarität in der Erfahrung. Menschlichkeit heißt zunächst: Sieh den Balken im eigenen Auge! Erst nach dem Erkennen der Schwächen können wir daran denken, unsere Lage zu verbessern, oder wenigstens dazu beitragen, daß sie sich nicht verschlimmert.

Obenan steht somit das Fragen nach dem, was wahr ist. Doch schon ein Gedicht wie »Die Herkunft der Wahrheit«, das die Anthologie eröffnet, weist darauf hin, daß man hier nicht im Glauben an Objektivität etwas über allen Zweifel Erhabenes zu behaupten versucht, sondern jene Erkundungen vorzieht, die sich mit den *Voraussetzungen* von Wahrheit befassen. Statt Ideologien also: Bewußtseinsprozesse. Statt Wahrheit bescheidener: Wahrhaftigkeit. Lieber Vor-läufiges als Endgültiges. Aus der Ehrlichkeit der Erfahrung erwächst Authentizität. Sie wird zum neuen Kriterium der Gedichte.

Spielt bei solchen Versuchen, Poesie als etwas Stichhaltiges, Ungefärbtes zur Geltung zu bringen, das Schöne wirklich keine Rolle mehr? Ich möchte das bezweifeln. Gottseidank können ästhetische Zeloten den Begriff nicht hinter Schloß und Riegel setzen. Aber auch diejenigen, die ihn am liebsten ausmerzen würden, ziehen am Ende den kürzeren. Das Schöne behauptet sich im Untergrund. Verbirgt sich zwischen den Zeilen, den Worten. Dort kämpft es für unsere Befreiung. Mitten im Lesen halten wir plötzlich inne und denken: Schön ist das! Dabei haben vielleicht nur ein paar ganz schmucklose Worte mit ihrer Genauigkeit die Macht der Gewohnheit gebrochen, uns herausgerissen aus dem Sumpf korrupter Äußerungen oder in einer namenlosen Ahnung bestärkt. Denk- und Sprachzwänge fallen von uns ab. Erleichterung. Aufatmen. Ein Befreiungsakt. Wie schön das ist!

Freilich habe ich mit dem Bisherigen nur umrissen, was vorherrscht: Tendenzen. Sobald es um den einzelnen Autor, das einzelne Gedicht geht, muß differenziert werden. Die Masse der Gedichte ist in vier Gruppen gegliedert. Jede davon läßt eine bestimmte künstlerische Richtung oder Haltung erkennen. Innerhalb der Gruppen sind die Gedichte nach Verfassern angeordnet. Diese wiederum habe ich so zusammengestellt, daß sich Nachbarschaften, Übereinstimmungen ergeben oder ähnlicher Gebrauch der Sprache zutage tritt. Jeweils am Anfang der Abteilungen kommen die richtungweisenden, die ›charakteristischen‹ Autoren zu Wort. Darüber hinaus ist keine Größenordnung nach poetischen Verdiensten beabsichtigt. Auch die Anzahl der Gedichte gibt nicht in jedem Fall Aufschluß über die Einschätzung des Autors durch den Anthologisten. Meist hat Signifikanz den Vorrang vor ›Kunst‹.

Die erste Gruppe, mit Eich und Krolow beginnend, zugleich die stärkste, kommt zu einem nicht geringen Teil aus dem Lager der ehemaligen Naturlyriker. Daran erinnert hier und da noch eine Vorliebe für den ländlichen Hintergrund oder das landschaftliche Detail. Doch was jetzt an ›Natur‹ zur Sprache kommt, hat den Charakter der Analogie, des Fingerzeiges. Gedeutet wird auf Menschliches. Diese Gedichte sind zunächst Standortbestimmungen von einzelnen. Verschiedene Lebensalter und Lebensbedingungen geben Zeichen in Versen. Von den Älteren werden Rückblicke angestellt – auch auf das, was sie geschrieben haben. Manchmal Melancholie, manchmal Überdruß, oft Skepsis. Der Krieg – in den vierziger, fünfziger Jahren noch allesbeherrschendes Thema – wird kaum mehr erwähnt. Man muß sehen, wie man mit dem Frieden und seinen Folgen fertig wird. Bezeichnenderweise ein Frieden ohne Vertrag. Es sind die alltäglichen Dinge, denen man sich stellt:

hellhörig, wachsam. Überall Spuren von den Einwirkungen des Politischen auf das Private, auch wenn man sie nur gelegentlich scharf nachzieht. Die Gefahren des Friedens, offener oder vertuschter Terror geben häufig Motive ab. Andererseits werden die uralten Fragen nach Sinn und Sinnverlust neu formuliert, wobei der Tod als unser härtester Kontrahent auftritt. Das Problem der Identität läßt keine Lösung zu. Sarkastisch verfährt man mit dem Bloß-Schönen oder benutzt es wie ein Zitat. Fast durchgehend die Auseinandersetzung mit der Sprache, der Phantasie als Alternative zur Wirklichkeit. Worte als ein ›Dennoch‹.

Zurückhaltend, jedoch nicht ohne Anmut und Leichtigkeit wird mit den Mitteln der Kunst umgegangen. Zwei-, dreimal tauchen Reime auf. Heiterkeit kann entstehen, sogar Lust am poetischen Spiel. Concetto-Witz. Auffallend ist die Vorliebe für das Erzählgedicht, speziell das Porträtgedicht: Hölderlin, Mörike, Rimbaud, Heym, die toten Zeitgenossen Celan und Bobrowski. Doch auch an Nicht-Dichter wie Columbus, Linné, Mozart, Rubinstein oder den Regisseur Walter Henn erinnern Bildnisse, Epitaphe. Einzelne historische Gestalten stehen ein für historische Epochen, die zu verifizieren ein Ding der Unmöglichkeit scheint. Von besonderem Reiz sind die verkappten Porträts. So zeichnet sich einmal hinter einer Landschaft – ohne daß ein Name fiele – der Umriß Oswalds von Wolkenstein ab (»Unterm Schlern«).

Die zweite Gruppe der Lyriker mit Celan an der Spitze hält einerseits Verbindung mit dem Surrealismus, andererseits greift sie auf Traditionen zurück, die über Rilke bis zu Hölderlin reichen. Hier wird der nur mit früherer Dichtung vertraute Leser noch am ehesten das finden, was er für den Inbegriff der Poesie hält: Wortmagie, Musikalität, Anrufungen, schöne Rhetorik, Unerklärliches. Dahinter: Ontologie oder Metaphysik, Mythos und Vision. Es sind Gedichte, die um den Alltag mit seiner Umgangssprache einen Bogen schlagen. Aber auch

ihre Verfasser verfügen über den harschen Ton. Sie kämpfen mit der Vereinsamung, sie erkennen die Gefährdungen im ›Für-niemand-und-nichts-Stehn‹. Bewußt pflegen sie einen Manierismus aus Urworten, Urbildern der Poesie. Ihre Metaphorik ist assoziativ, manches scheint wie in Trance gesprochen. Nicht alle bestehen auf feierlicher Distanz, es gibt Gedichte in dieser Gruppe, die die surrealistische Freiheit von Logik und Kausalität in einen geisterhaften Humor oder in die Zauberhelle romantischer Ironie verwandeln. Von einer Wahrheit ›ohne Sprache‹ wird geträumt.
In der dritten Abteilung sind die Lyriker aus der DDR zusammengefaßt. Sie treten deshalb in einer besonderen Gruppe auf, weil sie unter anderen Bedingungen arbeiten als ihre Kollegen in Westdeutschland. Politisch, gesellschaftlich, aber auch sprachlich haben sie ihren eigenen, jedenfalls mit dem unsrigen nicht deckungsgleichen Bereich. Hätte ich sie verstreut hier und da auftauchen lassen, in durchaus denkbaren Nachbarschaften zu hiesigen Autoren, wären Irritationen entstanden. Sicher hätte der Leser öfter im Anhang nachschlagen müssen, um sich über den Verfasser eines Gedichts, dessen Fakten oder Schlüsse ihn befremden, Aufschluß zu verschaffen. Noch ein zweiter Grund war bestimmend. Lange Zeit herrschte die Meinung, in der anderen Hälfte Deutschlands sei die Poesie verstummt. Wer ›drüben‹ das Wort ergreife, habe nichts anderes auszudrücken als Linientreue. Jedoch, die Vorstellung von einer sozialistisch strammen oder sich gängeln lassenden Lyrik jenseits der Elbe ist seit mindestens zehn Jahren überholt. Dies soll hier durch den geschlossenen Auftritt wichtiger Dichter aus der DDR so deutlich wie möglich werden.
Vieles von dem, was ich bislang zu Kennzeichen der neuen Gedichte erklärt habe, trifft ebensogut auf die dritte Gruppe zu. Sie fängt mit Huchel an, der zwar aus der DDR ausgereist ist, doch seine hier vorgelegten Gedichte sämtlich noch am Rand Ostberlins geschrieben hat. Während bei uns das Ver-

hältnis zur Überlieferung gebrochen, ja neurotisch feindselig ist, halten nicht wenige der DDR-Lyriker die Traditionen hoch. So hat die Naturlyrik dort nicht ausgespielt, gerade Nachwuchsautoren gewinnen ihr noch frische Muster ab. Aber alle poetischen Äußerungen sind mit Zeitgeschichte oder politischer Gegenwart gesättigt. Hier kostet es Mut, von ausgegebenen Parolen und Richtlinien abzuweichen. An Brecht haben die Lyriker ihre dialektische List geschult. Doch auch der (leicht aufgerauhte) Klassizismus seiner mittleren Periode – etwa in der Sonettform – findet Fortsetzung. Gewisse optimistische Töne klingen westlichen Ohren vielleicht fremd oder neu. Einige Jüngere haben zuweilen etwas Unbekümmertes, ohne daß sie die Schwierigkeiten beim Schreiben der Wahrheit unterschätzten. Satire und Song werden zu Pfeilen in der Hand derer, die die Partei aus ihrer Elefantenruhe aufstören möchten. Für den Reim entdeckt man neue Möglichkeiten oder wenigstens Modifikationen. Auch jenseits des sogenannten Vorhangs eine Neigung zum Porträtieren: Eichendorff, Brentano, Novalis, Brecht.

Die vierte Gruppe endlich, Heißenbüttel folgend, setzt sich aus stilistisch verschieden arbeitenden, doch letzthin von der Gesinnung her übereinstimmenden Autoren zusammen. Zwischen den strengen ›Konkretisten‹, den Jokulatoren der Wiener Schule, den Vertretern einer ›neuen Sensibilität‹ sowie den Jüngsten aus dem *Underground* besteht Solidarität. Sie sind sich einig in der Kritik an den Zuständen. Politisch befinden sie sich auf ein und derselben Seite. Schon bei Heißenbüttel mischen sich grammatische Exerzitien mit Komik und gesellschaftlichem Protest. Je weiter wir uns dem Ende des Buches nähern, desto mehr wird die abzuschreitende Strecke Versuchsstrecke, das Feld zum Spielfeld. Eben erst aufgetauchte Namen bekommen Gelegenheit zu zeigen, was hinter ihnen steckt. Aussicht in die Zukunft?

Strikte visuelle Texte oder Lautgedichte habe ich ausgeklammert. Das, was seit tausend Jahren Lyrik heißt, ist mit solchen Versuchen nicht in Einklang zu bringen. Es wäre sicher auch nicht im Sinne ihrer Hersteller, die alles ›Dichterische‹ über die Schulter ansehen, weil sie glauben, mit ihrer Arbeit beginne etwas Noch-nicht-Dagewesenes, das die Kunst des Wortes weit hinter sich läßt. Dennoch meine ich, daß man meiner Anthologie schwerlich Intoleranz wird nachsagen können. Ohne weiteres habe ich Autoren aufgenommen, bei denen ich nicht sicher bin, ob nicht ihre Arbeit, in letzter Konsequenz, an jene Grenze führen muß, hinter der man uns das Handwerk des Lesens zu legen versucht. Ich möchte sämtliche Farben des Spektrums zeigen. Freilich, wer sich für Toleranz erklärt, braucht kein Masochist zu sein. Dankend verzichte ich jedenfalls auf Machwerke, die uns mit der Einfallslosigkeit des Agitprop, der X-Beliebigkeit sogenannter Collagen anöden oder mit Unfläterei und Maulhurerei zu terrorisieren versuchen.

Kritik am Sprachgebrauch, den Redensarten gibt im letzten Teil den Ton an. Die Sprache wird als Material behandelt, in ihre Bestandteile zerlegt, grammatisch abgefragt und durch Wiederholungs- und Umstellungsmanöver einer bestimmten Funktion angepaßt. Es ist die der Entlarvung. Vor dem Wort soll das Wort Farbe bekennen, ob es nicht den ›Herrschenden‹ zur Verschleierung dient, es soll Augenblickswirkung haben und den Leser aktivieren, das, was faul ist im Staate, baldmöglichst zu verändern. Hinzu kommt ein parodistischer Zug, die Nähe zum Kabarett sowie die Fortsetzung dadaistischer Praktiken, mit denen man den Bildungsspießbürger das Fürchten lehren möchte. Vom Kauzigen bis zum blutigen Witz, von gutmütiger Anrempelung bis zum Schwarzen Humor werden die Register gezogen. Moritaten haben wieder ihre Stunde. Die Wiener bringen Neorokoko und Nonsensverse ins Spiel. Selbst wo das Schöne attackiert oder verhöhnt wird, kommt man offenbar nicht los von ihm. Die Hitlerzeit, der Krieg, diesmal von Kindern erlebt, machen uns in kindlicher Perspektive ihre

Unheimlichkeit von neuem bewußt. Vielleicht ist der Frieden nur eine dünne Eisdecke, und wir reiten über den Bodensee. Die ›neue Sensibilität‹ stützt sich sowohl auf photographisch sachliche Beschreibung, ironisiert durch Popeffekte, als auch auf das Montieren aktueller Sprachklischees. So versucht man, sichtbar zu machen, was einer der Autoren »die neuen Erfahrungen« nennt. Sie können in einem bürokratisch-grotesken Ton wiedergegeben werden, etwa in der »Zugauskunft«. Ebenso kann Trauer durchschlagen über die Leere hinter der Konsumwelt. Von den Underground-Autoren schließlich wird die Phantasie wiederentdeckt und zur Befreiung von Zivilisationszwängen ins Feld geführt – ohne Aufwand an Reizwörtern und schön verstiegenen Metaphern, eher trocken, *cool*, zuweilen aber auch mit ›primitiver‹ Heftigkeit. Hier setzt man fleischfarbene oder blumenhafte Utopien gegen die langweilig geordnete Wirklichkeit der Technokraten. Halluzinationen sollen die Phantasie steigern. In einem Gedicht wie »Noch mehr Schatten« könnte sich Drogeneinwirkung spiegeln.

Anthologien müssen sich auf Andeutungen beschränken, keine ist vollständig. Dennoch brauchen sie nicht lückenhaft zu sein. Mit Bedacht habe ich solche Autoren ausgewählt, die exemplarisch sind, also für so manchen nicht aufgenommenen mit einstehen können. Last not least ist es der Sinn von Anthologien, das Leserinteresse auf die Originalbände der zitierten Autoren zu lenken. Erst diese Bände insgesamt ergeben das bis ins einzelne klare Bild. Die deutsche Lyrik seit 1960 ist pluralistisch wie die Gesellschaftsordnung hierzulande. Und doch, wenn wir uns auf den Anfang des Vorworts besinnen, in *einem* Punkt herrscht bei allen Autoren Einigkeit: ohne Prosa keine Poesie. Ihre Konfrontation erst ermöglicht das neue Gedicht. Nicht, daß der Lyriker nun sein Heil in der Vermischung der Gattungen suchen müßte. Prosaist und Lyriker drücken sich selbst dann verschieden aus, wenn sie dieselben Wörter benutzen, denn sie sprechen auf verschiedenen ›Frequenzen‹. Wer sich also heute auf Poesie versteift, versucht sie der Prosa abzutrotzen. Unter ›Prosa‹ versteht er das, was von dieser Welt ist. Das Gedicht will sich nicht, selig in sich selbst, über diese Welt erhaben fühlen. In der Prosa mit ihrem Maximum an Durchsichtigkeit liegt für jede Poesie eine Herausforderung. Das neue Gedicht hat sie angenommen.

Abschließend müßte ich wohl noch bemerken, daß die Lyriker, auch wenn sie sich nicht lauthals über Qualität äußern, ihre Sache doch so gut wie möglich machen. Meisterstücke setzen nicht die Attitüde des Meisters voraus, sie gelingen keineswegs schlechter ohne Tamtam, auf bescheidenere Weise. Wer die Gedichte aufmerksam durchgeht, wird gar nicht selten auf Vollkommenes stoßen. Eine körnige, leuchtende Schlichtheit, die den Wort- und Formenreichtum anderer Jahrzehnte ruhig in die Schranken fordern könnte. Schlechte Zeiten für Lyrik? Dichter in dürftiger Zeit? Vielleicht. Aber keine Zeit dürftiger Dichter.

München, März 1972 *Heinz Piontek*

I

GÜNTER EICH

Die Herkunft der Wahrheit

Die Herkunft der Wahrheit bedenken:
ihre mit Sand behafteten Wurzeln,
ihre Fußspur,
die meßbare Bewegung der Luft,
wenn sie als Vogel kam.

Einsichten aus Pervitin,
zum Abflug gesammelt mit den Schwalben.
Fort, fort, in den Abend und übers Gebirge!

Andere, Steinmetzzeichen im Laub,
nur begreiflich dem Schlafe
und eins mit den Scherzen der Großmütter:
Mach die Augen zu,
was du dann siehst,
gehört dir.

Wildwechsel

Für Nelly Sachs

Schweigt still von den Jägern!
Ich habe an ihren Feuern gesessen,
ich verstand ihre Sprache.
Sie kennen die Welt von Anfang her

und zweifeln nicht an den Wäldern.
Zu ihren Antworten nickt man,
auch der Rauch ihres Feuers hat recht,
und geübt sind sie,
den Schrei nicht zu hören,
der die Ordnungen aufhebt.

Nein, wir wollen fremd sein
und erstaunen über den Tod,
die ungetrösteten Atemzüge sammeln,
quer durch die Fährten gehn
und an die Läufe der Flinten rühren.

Zum Beispiel

Zum Beispiel Segeltuch.

Ein Wort in ein Wort übersetzen,
das Salz und Teer einschließt
und aus Leinen ist,
Geruch enthält,
Gelächter und letzten Atem,
rot und weiß und orange,
Zeitkontrollen
und den göttlichen Dulder.

Segeltuch und keins,
die Frage
nach einer Enzyklopädie
und eine Interjektion
als Antwort.

Zwischen Schöneberg
und Sternbedeckung

der mystische Ort
und Stein der Weisen.

Aufgabe, gestellt
für die Zeit nach dem Tode.

Weitgereist

Gleich hinter Vancouver
beginnt der Wald,
beginnt nichts,
beginnt, worüber wir fliegen.

Alles nördlich, wie du es liebst,
ein Salzkorn für die Waldläufer,
lederne Beutel, vielleicht
für Schwarzpulver, Gewürze, Tabak.

Was beginnt, geht sehr weit,
ein Rauch aus dem Böhmerwald,
ein Perspektiv, es gibt
wenig Menschen.

Unterm Schlern

Seit daß fließen will der Schnee
von der Seiseralpe, –
versäumt, versäumt,
und mit gelben Fingern
an die dürftige Luft,
an meine einäugige
Heimat geschrieben.

Die Wörter, die Namen
mit meinem Ohrring aus Sidon.
Gold und Jahre werf ich dazu,
Unrat, die Mauern hinab.

Hier wo es heimlich war
wie der Moderduft aus den Betten, –
die ledernen Knechte
und lüsternen Mädchen,
und keine Fackeln mitgebracht
aus dem lustigen Herbst,
nur Fleisch eingesalzen
für den Untergang –

Mit Wörtern und Namen,
die mich im Turm hielten bei Wasser,
will ich trinken.

Schulbücher

Silva,
der Wald, und Fingerhut
in den Tälern von Acherloo,
und Windspiele und Wind,
silva, insula,
qui umbram amant,
Grenzgebiete,
zweisprachig, und Wind,
silva, und bleib im Schatten,
Liebe, und bei Catull,
silvarum bestiae,
qui umbram amant,
und Herd
und Klause in Acherloo.

Langes Gedicht / Vorsicht

Die Kastanien blühn.
Ich nehme es zur Kenntnis,
äußere mich aber nicht dazu.

Kunsttheorien

Lottoscheine,
von Dickhäutern betrachtet,
die Sinnsprüche der Hauptfeldwebel.

Dies, oh Freund, ist mein Mohn.

Versmaße halten nicht vor.
Keine Lust mehr anzustehen
um die Aufenthaltserlaubnis
für erfundene Länder.
Lieber, laß uns die Einsätze
erhöhen, sicher sind
Kugel und Strick, die vergitterten
Fenster, sicher
die Farbflecken auf Papier
und alten Augen.

und Wirklichkeit

Mehrsprachig, Podiumsgespräche,
Lyrik
ihrem Wesen nach faschistoid,
Prozesse in Flattersatz,

Gewalt notwendig
um die Welt zu ändern,
befestigte Elfenbeintürme,
die realistische Schreibweise
dient der Macht,
verzweifelt
nach ungeschriebnen Sexualien gesucht,
and Mary means:
der Mett heiligt die Zwickel.

Geometrischer Ort

Wir haben unsern Schatten verkauft,
er hängt an einer Mauer in Hiroshima,
ein Geschäft, von dem wir nichts wußten,
wir streichen ratlos die Zinsen ein.

Und, lieben Freunde, trinkt meinen Whisky,
ich werde die Kneipe nicht mehr finden,
wo meine Flasche steht
mit dem Namenszug,
eine Urkunde des guten Gewissens.

Ich habe den Pfennig nicht auf die Bank gelegt
bei Christi Geburt,
aber die Urenkel auf Menschen dressierter Hunde
habe ich gesehen auf den Hügeln der Donauschule
und sie sahen mich an.

Und ich will, wie die Einwohner von Hiroshima,
keine verbrannte Haut mehr sehen,
ich will trinken und Lieder singen,
nach Whisky singe ich,

und will die Hunde streicheln, deren Urahnen
Menschen ansprangen
in Steinbrüchen und Draht.

Du, mein Schatten
am Bankhaus in Hiroshima,
ab und zu
will ich dich besuchen mit allen Hunden
und dir zutrinken
auf das Wohl unseres Kontos.

Das Museum wird eingeebnet,
davor
werde ich zu dir schlüpfen,
hinter dein Geländer,
hinter dein Gelächter, unseren Hilferuf,
und wir passen wieder zusammen,
deine in meine Schuh,
genau
in die Sekunde.

Im Frieden

I

Frieden. Die ruhigen Leute
lassen ihr Haar wachsen.

Die rücksichtsvolle Prosa
ihres Umgangs.

Scharfe Luft, wenn eine
Halbwüchsige in einer
Kasernenruine pißt.

Meine Blume blüht
dauerhaft.

Liebet eure Feinde:
geregelte Gleichgültigkeit.

Ländliche Tage überall,
unschuldig wie Heuhaufen
aus der Kindheit
Restif de la Bretonnes.

Keine großen Geläute. Frieden.

II

Die schlechtbezahlte Tätigkeit
des Erkennens.

Ja, die Stadtränder mit den
schönen Betonmischmaschinen!

Hans und sein Glück
auf der tätowierten Brust.

Die übergelaufenen
Fallschirmspringer
sind seit langem gestorben.

Mein Freund, der Pastetenbäcker.

»Die Liebe erinnert uns
an unsere gute Erziehung.«

Die errechnete Zukunft
ist eingetreten:
Langeweile.

III

Sich gehen lassen.

Nur noch auf einer Briefmarke
zu erkennen: der Staat.

Die Schwermut macht Fortschritte,
Schifferstündchen
unter langsam faulenden
Fischen.

Kleine Früchte, geformt
wie ein Tumor.

Sieg der Ellipse
über den Tod.

Dahinleben.

Junihimmel

Blaues, kubisches Haus –
Junihimmel.

Rosen und Staub
leben unter seinem Schutz.

Der bewußtlose Körper
der Wärme nimmt
Bedeutung an –
fleischliches Modell.

Euklidische Klarheit –
Spannung zwischen Licht
und Augapfelfarbe.

Die Anziehungskraft
der Schatten wächst.

Ihre Identität
mit einem unterdrückten
Wort.

Schultag

Aus den Schreibwarenhandlungen
stürzen Kinder
mit frisch gespitzten Bleistiften.
Der gekritzelte Tag
entsteht auf liniertem Papier.
Das Schulheft riecht
nach Luft und dünnen Strichen.
Im lustigen Wetter leben
die Rechenaufgaben,

die Botanik mit getrockneten
Jahreszeiten.
Alles wird zur Zeichnung,
mit dem Lehrer
in der unteren Ecke,
mit den Ferien oben.

Sich vergewissern

Ich versuche,
mich zu vergewissern,
daß ich vorkomme.
Im selben Augenblick
gibt es mich, bartlos,
mit bleichem Zahnfleisch
hinter der Lippe
und halb geöffneten Augen,
aus Furcht, zu viel
zu sehen, was anders ist
als Haut und Haar,
die sich im Zusehen
verlieren.
Ich bin da. Meine
rechte Hand fällt mir
nicht durch die Tasche.
Ich führe sie über Papier,
um aufzuschreiben,
daß ich lebe.

Das Leben selber

Vielleicht ja, vielleicht nein,
sagt er, im Zweifel,
ob sich das Leben
sehen lassen kann,
das er führt, so gut wie möglich
als Aufgabe, die man sich
in den Kopf setzt, oder
als liebenswürdige Erscheinung
ohne Zwischenfälle,
mit Aufstehn und Beschlafen,
Figur-Machen und wissen,
was man weiß,
Wortschatz und Gleichgewicht.
Vielleicht ja, vielleicht nein –
ein unvermeidliches Problem,
das Leben selber,
wie ein Gewehr im Schrank.
Man glaubt sich
in Sicherheit,
wenn etwas geschieht –
eine Sache, mit der man
zu kämpfen hat, Zweifel
als echtes Ereignis –
wie ein Tag, der wiederkommt
mit unanständigen Bildern
an der Wand für
anständige Leute.

Landschaften, früher

Landschaften
aus unsichtbarem Glas
oder in der Bauhaus-Zeit,
genau und ohne Humor –
ich besehe Bilder
von früher und lese,
daß es das gab,
während ich mir Neues
merken muß
und an mir entlang sehe
und an alte Zeiten denke,
an die Kunst, Kunst zu machen
in Gedichten mit anhaltenden,
später immer vorsichtigeren
Gefühlen –
Landschaften aus
unsichtbarem Glas,
Hauptsachen überall,
während ich weit
nach unten reiche,
der Erde zu, unter die Erde
und mich mit mir
neu einrichte, ohne Bilder,
kunstlos, ohne Jahreszeiten,
mit an den Beinen
hoch kriechender Kälte,
selber ein Stück
trockener Landschaft,
noch sichtbar.

Genug

Genug getan und
unterlassen, zugesehn und
in die Hände geklatscht
in der schönen Luft.
Genügend Bilder aus der Hand
gelegt und die leeren Hände
geprüft und genug gehabt,
genug von genügender Beschäftigung
mit Angst und Liebe,
nachgedacht mit schwerer
werdender Zunge und
angewachsenen Gliedern
unterm schweren Tisch,
an ihm sitzen geblieben,
an den Boden geheftet,
unter die Erde gezogen,
nasses Erdreich ohne Luft,
bald mit Erde gefüttert,
angefüllt mit Kälte und
allerhand bepinkeltem Boden,
Dreck überm Kopf und
genug gelebt mit Wein und Bett
und genug angefüllt mit
wechselndem Leben,
brüchige Nägel und dünnes Haar
an einigen Stellen und
die leeren Hände vors Gesicht
gehalten und nichts vorgezeigt
für die andern.

HEINZ PIONTEK

Gipfelluft

Schöner fester Körper
des Planeten.
So ist das Schweigen.

Zweitausend Meter
über dem Meeresspiegel
sind die Bären
Falter,

die Dohlen,
sich abstoßend leichten Zehs,
in ihrem Element.

Meine Sprache hat
keine Balken.

Deutschland

Pferde, silbern in die Luft schlagend,
die weitgereisten Störche,
die Fischer an den Strömen
sterben aus.

Ich schreibe das unter einer Eiche
mit meiner rechten Hand.
Das Vaterland im Nordwind
liegt hingestreckt,
ein verwilderter Soldat.

Daß eine Klarinette geblasen wird
im Morgenrot,
ist eine schöne Behauptung.

Einige Dinge kommen aus ohne Zeit.

So will ich mir eine Gegend suchen,
die aufgebaut ist von einem
heiteren Verstand.

Die Himmelsrichtung Hell
oder Mauretanien,
zum Beispiel.

Alberti könnte zu finden sein
auf einem kühlen Balkon,
oberhalb von Barken,
die Zuckerhüte geladen haben.

Ein Windstoß im Weinberg
ist dort die Liebe.

Man verliebt sich noch vor dem Frühstück.

Leichthin werde ich auf einer Mauer wohnen,
in der die Sonne knistert,
ein Eidechsenleben lang –

und dann wortlos,
mit einer neuen Vernunft zurückkehren
dahin, wo man stirbt,
wenn man nicht gestorben ist.

Des Knaben Wunderhorn

Bist du mein Schimmel
mein gespiegeltes Roß

Fließt der Schnee der Schnee
tauchen auf die marmorglatten Meilen

Wer siebt dir den Hafer
Wer haut dir in die Seiten
polackisch mit allbeiden Füß

Für uns, Schimmel, ist das Reisen
durch Disteln und Dörner
keine Schand

Doch in den Böhmerwald komme ich nie

nein in den Böhmerwald
nur auf einem gemalten Schlitten

Um 1800

Zierlich der Kratzfuß
der Landeskinder,

während wer fürstlich
aufstampft.

Gedichtzeilen.
Stockschläge.

Viele träumen,
daß man sie verkauft.

Die Tinte leuchtet.

Deutschlands
klassische Zeit.

Bei Zimmer

Auf Waiblingers Frage,
wie alt er sei:
»Siebzehn, Herr Baron.«

Auf gegen fünf,
mit der Einfalt
des verkehrten Fußes.

Kalenderlang ist ein Hausflur
rechts und links. Auf Strümpfen
durch Griechenland.

Rauchtabak.
Etwas Klavierspiel.
»Mich fliehen alle Freuden.«

Ach und der tapfere
Appetit zu Mittag. Rasch, rasch
das Geschirr vor die Tür!

Das ist mein Sopha –:
Wenn unberufen nämlich das Licht,
des Menschen Hund

Punkt.

Bilder wie Schafe über den Steg.
Jedes Ufer
muß seinen Spiegel berappen.

Und dieses Rascheln in den
gottverlassenen Büchern?
Hinter den Lettern

nichts.

Also um acht, später
um sieben
ins Bett.

Der wahnsinnige Hölderlin lebte sechsunddreißig Jahre im Haus des Tübinger Schreinermeisters Zimmer.

Ich, Anton Pawlowitsch

simuliere Gesundheit,
putze meinen Zwicker,
beobachte die Unkurierbaren.

Als einziger meiner Gilde
sah ich das Weiße im Auge von Deportierten,
notierte Schreie, Knüppelwunden,
die Wärmequelle des Mondes
auf der Eisfläche Sachalin.

Gott stärke mein Gedächtnis,
denn schreibe ich nicht schon wieder
von sich langweilenden Mädchen,
verwöhnten Gaunern, grünen und
grauen Dummköpfen

und habe die Stirn,
demnächst auch noch über
ein Feld voll Kirschbäume zu schreiben?

Diese Namenslisten, Hinweise
auf Landgüter, die ich
ans Theater sende.

Die Wahrheit
darf nicht auffallen,
ich mache große Pausen
zwischen den Worten.

So verdiene ich schwitzend
mit durchgefallenen Stücken.

Wenn mich die Alten loben,
dann mangels Besserem,
die Jungen verhöhnen meine weißen
Handschuhe, sie wollen
Blut sehen.

Schon höre ich sie
rund um das
ausgehobene Loch:

Och, wäre er nicht so
unentschieden gewesen!

Als hätte ich nicht
von Anfang an
gegen die Lüge protestiert.

›Habe ich nicht zeitlebens gegen die Lüge protestiert!‹ Mündliche Äußerung Anton Tschechows.

Nachtwind

Hinter uns das Land,
das wir mit Wörtern furchten.

Ihr und ich.

Geblieben ist die Stoppel.
Schwalbenkot. Im Dunkel die Gänge
mit gesenkter Fackel.

Nachtwind, Nachtwind:
Wie hohl klingen die Tennen!

Wer wird mit mir aufstehen
störrisch wie ein Maultier, den Kopf senken,
weitermachen?

Ich rufe vor herabgelassenen Jalousien,
Türen ohne Schilder.
Schaue auf gestrichene Segel.
Ich erschrecke.

Ja, meine aufgescheuchten Schritte, diese Stimme
eines hartnäckigen Sperlings,
nicht bereit, sich zu trennen von dem,
was sie weiß,
und das getrocknete Salz im Gesicht:

Sollte, wer übrigbleibt,
sich nicht lieber verstecken?

Nachtwind, Nachtwind,
Kurier:

Steht es fest,
daß ich der Letzte bin?

Da sind sie, unwiderruflich,
eure falben Lider,
die sich nicht von selbst geschlossen haben.
Eure begrabenen Hoffnungen, Schlußstriche,
letzten zornigen Atemzüge.

Nein, die Rede von euch soll nicht aufhören,
nur weil man satt geworden ist
von eurem Getreide.

Helft mir,
holt ihre Flinten aus dem Herbst,
ihre Heimat aus dem Rauch,
was sie versprachen, verfehlten,
von unseren Grenzen

und legt alles zu den Jahren,
zu denen man stehen muß –

wie der Löwenzahn zum Grummet,
das Steingut zum Feuer,
tot oder lebendig.

Aber was weiter?

Äußert die stehengelassene Kiefer,
was sie zu tun gedenkt
bis zur nächsten Rodung?

Oben im Dunkel,
wo sich die Krone verliert,
im unbeherrschten Geräusch über der Erde,

nimmt sie alle Nadeln zusammen,
damit es nicht abreißt,
das trockne halblaute Klirren.

Nachtwind, Nachtwind:

Daß wir nichts Beßres versuchen können
als treusein –

was auch immer das heißt.

küchenzettel

an einem müßigen nachmittag, heute
seh ich in meinem haus
durch die offene küchentür
eine milchkanne ein zwiebelbrett
einen katzenteller.
auf dem tisch liegt ein telegramm.
ich habe es nicht gelesen.

in einem museum zu amsterdam
sah ich auf einem alten bild
durch die offene küchentür
eine milchkanne einen brotkorb
einen katzenteller.
auf dem tisch lag ein brief.
ich habe ihn nicht gelesen.

in einem sommerhaus an der moskwa
sah ich vor wenig wochen
durch die offene küchentür
einen brotkorb ein zwiebelbrett
einen katzenteller.
auf dem tisch lag die zeitung.
ich habe sie nicht gelesen.

lebenslauf

später erfuhr ich, daß es ein freitag war,
da ich herausfuhr, schreiend,
aus meinem sarg, aus meiner mutter.

zwischen meiner verräterischen geburt,
besiegelt von öl und wasser und salz,
und meinem eingeborenen tod,

in dieser langen weile zwischen freitag
und aberfreitag ward ich geimpft
und gefirmt und gemustert. für glück

galt das lackierte gesicht der gewalt.
einmal im jahr hat der schnee gewechselt.
mein totenhemd tauschte ich täglich.

ich habe die vier striche des himmels bemerkt.
meine worte sind davongefahren auf einem wind.
kein ruhm, kein feuer hat mich verzehrt.

abends ist meine leber schwer wie ein feldstein,
und wenn es freitag wird, höre ich ein geschrei,
als schriee ich in meinem weißen hemd,

wie vor langer weile, zur stunde meiner geburt.
dann schlafe ich mürrisch ein und denke:
das geht mich nichts an. es wird ein anderer

krieg sein, ein anderer toter hund, nicht ich,
wird zum mond geschossen, verscharrt
im entgeisterten, schreienden raum.

die hebammen

in brausenden trauben schwärmen sie aus,
wenn der morgen graut, klettern
über hecken und brücken behend
und belagern die fernsten gehöfte.

ihre prallen glänzenden koffer drohn
wie schwarze bomben, glimmend
auf gletschern und bahnsteigen,
mooren, hopfenfeldern und riffen.

die nüstern der ammen blähn sich vor gier:
wo es nach heißen handtüchern riecht,
springen sie unverhofft querfeldein,
drücken knurrend die türen auf
und werfen sich über die betten.

sie reißen ein fleisch zur welt,
das wenig wiegt, ein weißes fleisch,
das ein paar dutzendmal überwintert:
dann ist es hin, und sie zerren
ans licht einen zornschrei,
der, wenn es mittag wird, schallt
durch die steinbrüche und erstickt
in einem gewölk bleicher windeln.

dann, gegen abend, sieht sie der mond
bei ihren blutigen zangen und nadeln
und scheren kauern, lahm, im moos,
wie schlaflose raben, frösteln,
starren in den weglosen kahlen
straßengraben der nahenden nacht.

nänie auf die liebe

dies haarige zeichen
auf der abortwand
wer erriete daraus
die lieder die tränen
die gewitter der lust
die tausend und eine nacht
in der das geschlecht der menschen
wie ein meerleuchten
sich verzehrt hat
bewahrt
und vergessen

von gezeugten
und ungezeugten
zeugt nichts hier
als dies haarige zeichen
eingeritzt
in die verkohlte abortwand

flechtenkunde

i
daß die steine reden,
soll vorkommen.
aber die flechte?

ii
die flechte beschreibt sich,
schreibt sich ein, schreibt
in verschlüsselter schrift

ein weitschweifiges schweigen:
graphis scripta.

iii
sie ist der erde
langsamstes telegramm,
ein telegramm das nie ankommt:
überall ist es schon da,
auch in feuerland,
auch auf den gräbern.

iv
»wer das lesen könnt!«
leichter entziffert sich
der bart, der papyrus,
der schattenriß, das gehirn,
als diese trockene lunge.

v
sie kämpft um ihr leben
unbewaffnet
und kaum besieglich.
(ich seh es euch an:
ihr glaubt mir nicht
was ich sage.)

vi
niemals strauchelt die flechte.
ihre werke mißlingen nicht.
vergesellschaftet hat sie,
höre ich, ihre produktionsmittel,
die ehrwürdige kommunistin.

vii
in unsern verwirrungen
verlangt es mich oft

nach dem anblick der flechte.
man bringe mir einen berg,
und ich zeige euch was ich meine.

viii
isländisch moos, grauhaar,
wer hat dich verschleppt
in unsere hausapotheke?
gleichmütig stehst du uns bei
wenn wir blut spucken.

ix
worauf will dieser hinaus,
sagt ihr, mit seinen flechten?
soll er hungermoos essen!
wir haben keine zeit.

x
aber die flechte,
die flechte hat zeit.
diese tausendjährige da
zu euern füßen
hat barbarossas schuh
zertreten, doch sie
achtete seiner nicht.

xi
nicht von den ungeschlachten
schlachten der reiter
ist das färbermoos rot,
doch es war dabei.

xii
unblutige lunge, rostrot,
safran, korallen, orange,
persio, scharlach, orseille:

alles auf grauem grund,
auf dem grauen grund
von spitzbergen.

xiii
so haltbar sind unsere wahrheiten nicht.
zudeckt die flechte das tote holz,
die idole, den schotter, die lava,
überdauert kirchen und wracks.
das rentiermoos,
fast weiß, aber nicht ganz.

xiv
ich weiß nicht, wehrt sich der fels
gegen die flechte?
sie sprengt ihn nicht,
sie bewohnt ihn,
macht ihn bewohnbar.

xv
so wie es mit uns war war es nichts.
so wie es mit uns ist ist es nichts.
das versteht sich. so
wie es mit uns sein wird
wird es vortrefflich sein,
ganz ohne zweifel.

xvi
aber ihr glaubt mir ja nicht
was ich sage.
habt ihr immer noch nicht
euer gehirn, euern bart entziffert?

xvii
ach ja, die flechte,
beinahe

hätten wir sie vergessen.
lichtflechte, sonnenmoos,
seibeiuns,
großes gedächtnis.

xviii
vom manna träumen wir alle.
aber wer hat das manna gemacht?
das wissen die wenigsten.
es war die flechte.

xix
ich habe *vortrefflich* gesagt.
vorläufig allerdings
sind wir noch nicht soweit
wie die flechte.
das versteht sich.

xx
ich weiß nicht wie manna schmeckt.
aber es wird vortrefflich sein,
ganz ohne zweifel.

graphis scripta: eine Schriftflechte.
›wer das lesen könnt‹: aus Büchners Woyzeck in der Szene beim Doktor.
persio und orseille sind Farbstoffe, die aus Flechten gewonnen wurden.
manna: ›Die von den Israeliten in der Wüste genossene M. soll von einem in Arabien und hauptsächlich am Sinai häufigen Strauche, tamarix mannifera ehrgb. (s. tamarix) stammen; doch ist es wahrscheinlicher, daß diese in der Bibel erwähnte M. die in den Wüstengegenden Nordafrikas und Kleinasiens häufige Mannaflechte (s. sphaerothallia) war.‹ (Brockhaus, vierzehnte Auflage.)

kirschgarten im schnee

i

was einst baum war, stock, hecke, zaun:
unter gehn in der leeren schneeluft
diese winzigen spuren von tusche
wie ein wort auf der seite riesigem weiß:
weiß zeichnet dies geringfügig schöne geäst
in den weißen himmel sich, zartfingrig,
fast ohne andenken, fast nur noch frost,
kaum mehr zeitheimisch, kaum noch
oben und unten, unsichtig
die linie zwischen himmel und hügel,
sehr wenig weiß im weißen:
fast nichts –

ii

und doch ist da,
eh die seite, der ort, die minute
ganz weiß wird,
noch dies getümmel geringer farben
im kaum mehr deutlichen deutlich:
eine streitschar erbitterter tüpfel:
zink-, blei-, kreideweiß,
gips, milch, schlohweiß und schimmel:
jedes von jedem distinkt:
so vielstimmig, so genau
in hellen gesprenkelten haufen,
der todesjubel der spuren.

iii

zwischen fast nichts und nichts
wehrt sich und blüht weiß die kirsche.

Zwei Fehler

Ich gebe zu, seinerzeit
habe ich mit Spatzen auf Kanonen geschossen.

Daß das keine Volltreffer gab,
sehe ich ein.

Dagegen habe ich nie behauptet,
nun gelte es ganz zu schweigen.

Schlafen, Luftholen, Dichten:
das ist fast kein Verbrechen.

Ganz zu schweigen
von dem berühmten Gespräch über Bäume.

Kanonen auf Spatzen, das hieße doch
in den umgekehrten Fehler verfallen.

Kriegswinter

Entweder wehte
ein harter Wind
und das Kind hatte
keine Schuhe,
aber Schlittschuhe.

Oder in einem anderen
Winter Schuhe,
doch keine Schlittschuhe.

Oder das Kind
hatte beides in einem
Winter ohne Eis.

Danksagung an das Meer

Erinnerung altert nicht, Meer,
wird zarter und großzügiger.
Unverschollen bist du mit grünen Zungen
und salzigem Sauerstoff, wo nicht
die angestrichenen Eisenteile von Barken
rosten unter rauher Frische.

Auf immer
Matrosenköpfe ironischen Auges
und Frauen,
die Lachen in ihre Hände erbrechen.

Auf immer
Landstriche verheert hinter Deichen

und das Gelächter der Freundin
zerschellt –

Schönes bleibt in der Luft.
Du füllst, weiche Stelle der Welt,
den Hohlraum
mit würdigem Schweigen.

Junge Matrosen,
gern streichen sie über Land,
von Mädchen in alternde Gärten verlockt.

Junge Matrosen,
was hört ihr für brausende Musik
hochgeschlagener Röcke?
Ist es das Meer?
Ist es das Land in den Leuten?

Matrosen, ihr Blaujacken,
schöpft das Meer ins Gebirge
und laßt die Mützenbänder fliegen,
dann lauft ihr aus.

Du, Meer,
wölbst ozeanisch den Himmel,
wenn im letzten Taglicht der Tod
grün wie ein Jäger
sich durch Blitzen des Laufes
verrät als der,
der das Feld beherrscht.

Wortwechsel

Haus, Wald, Feuer und Rauch:
Heimatgefühl –
das hast du nicht.

Was hast du?
Eine genaue Erinnerung.

Warum nicht mehr?
Zu früh aufgegeben.

Warum?
Ich hatte alles:
Haus, Wald, Feuer und Rauch.

Am Wasser entlang

Oft gesagt: die Wellen wandern.
Ein alter Hut ist der Teppich des Meeres.
Aber der alte Hut
wandert so unsterblich,
daß ich verführt bin.

Das alte Schöne
nimm mit hinüber,
wagt meine Hand zu schreiben.
Bei Ardenia glaub ich's,
bei Albinia nicht mehr –

So gewaltlos durchschneidet
ein Tanker
blauen Seegang.

Bei Tarquinia
wiederum nur altes schönes Land
und Wasser,
das gegen Grabhügel wandert.

Vier Beine hat der Tisch

Gut
ich gehe noch spazieren
aber einfach mein Bündel nehmen und gehen
ist nicht länger meine Art

Wenn man tot ist
wird man weggetragen
Das ist die richtige Zeit zum Gehen / eher nicht

Entscheidend ist
daß die Denkweise
nicht seßhaft ist

Wie oft habe ich schon meine Koffer gepackt
Schon vor diesem merkwürdigen Schließen der Tür
die man nie wieder aufschließt
und noch lang hinterher mit abschiedsschlappen Schritten
immer wieder bin ich
fast gestorben dabei
Weißgott ich habe mich gegen den Strich behandelt
damit ist Schluß

Ich bin nicht Odysseus
ich bin nur herumgekommen
das ist alles
Nomadenleben ist nichts besonderes

Hier steht mein Tisch auf seinen vier Beinen
Da sitze ich und wills nicht anders
Hier im gekalkten Zimmer ist
Papier Schreibzeug Ruhe etwas zum Rauchen
abseits
von den Schritten der Frau
Hier will ich solange es geht
außer Landes zu Hause sein

Aus Liebe hineingeraten ins Leben
will ich mich auch so durchbringen
möglichst lange gesund und bei klarem Verstand
rauchend wie ein Meiler bei der Arbeit
und noch als Wrack
am Leben hängend

Die Tochter tanzt auf dem Kies: winzig
Ich ein Mann mit zwei Beinen
bin jetzt ganz erfüllt
vom Wesen des Tisches

der nur fortgeht wenn man ihn trägt

Aufbruch im Alter

Der Wind schleift ein zartes Geräusch von Bäumen über
flache schuhsohlenfressende Kiesel
Beete mit Rosen und Unkraut
(im Garten des Theophrast)
Und du gehst während die Nachrichten immer unheimlicher
werden – *nachweisbare Formen faschistischer*
Herrschaft in der marxistischen Welt –

in Sandalen
zum Huchel im römischen Exil

Er kann seine Katzen drüben
(oder wie man da sagt)
nicht vergessen
der Auswanderer der Zigaretten verzehrt
und vorwiegend nicht über Gedichte spricht
auf windoffener Terrasse

Gegenüber der Wohnung vom alten Silone
und den hellen Fenstern der Agentur TASS
mißt er mit einem belästigten Lächeln
die unerwartete Nachbarschaft
die Luftlinie hinüber
das Herrschaftsgefälle herunter zu ihm

Auch dieser freundliche Mann ist nicht furchtlos
zögert bisweilen über die Straße zu gehn
und fürchtet die Schläge
aus ideologischem Hinterhalt

Aber keine Narbe kein Schatten im weichen Gesicht
verrät wie er zurückschlug
außer mit Worten

Die rumänischen Jahre kommen auf den Tisch
der mordsüchtige Junge der nachts auf der Holztruhe ritt
Zigeunerzeiten
Frankreich der Süden
(etwas wie Spielraum
den wir heute so gar nicht mehr haben)
Später nach Moskau zitiert
stürmische Flüge aufgrund
seltsamer Machenschaften
Eintrübung des humanistischen Lichts

Jetzt gleicht er einem
den der Teufel ritt
den Teufel zu reiten bis –
er richtig den Laufpaß erhielt:
ein frommer Freidenker im Zigarettenlicht
heiteres Lächeln   Schweigen   Trauer auch

Er hat nichts vergessen
seine Härte kommt aus geflüsterten Sätzen
die Wundfieber anzeigen
Gerangel mit Machthabern
Hausarrest   Spitzel   Freunde im Knast

Beim Wort *Aule* für Spucke
nimmt er zum zweiten Mal Maß
für eine wohlüberlegte Abschiedsgeste
die er schon einmal verwarf

Die (schweren) Lider senken sich
als hätten die Augen genug gesehn
eingekehrt in die grüne Obhut des Parks
wo Besucher einander die Tür in die Hand geben

und ein schwarzer Hund die verlaßnen
Katzen notdürftig ersetzt

Geboren einst . . .

Geboren einst in Treibach und Althofen,
und bei Krumfelden, wo die Gurk
honiggelb ins kornreiche Krappfeld hinaustritt.

Er sah den blassen blutsverwandten Hunger
bei seinen Eltern stehn.
Sein Vater sprach, wenn er ihn sinken sah:
»Ein Ärschling bist
und rechter Bauernspott.
Auf Erden herrscht der Antichrist.
Wer kein Geld hat, dem hilft kein Gott.«

Die Mutter singerte »Noch wuchs kein Stein
innen in deiner Hand,
du bist mein liebes Jesulein.«

Vorbeimarschierend

Das schönste Singen, das ich je gehört,
kam aus den Kehlen russischer Soldaten,
verhungernder – sie konnten kaum mehr stehn.
»Singt! Wenn ihr singt, dann kriegt ihr was zu fressen!«
So sangen sie. Ich, dort vorbeimarschierend,
hörte noch lange sterbenden Gesang.

Raron

Als ich nach Raron kam,
saß am Brunnen beim Matzenhaus
ein altes Weib,
das einer schwarzen Sau
den Goder kratzte.
Von der Besichtigung
des berühmten Grabes zurückgekehrt,
sah ich das Schwein
geschlachtet am Galgen hängen
wie ein aufgeschlagenes Meßbuch.

Justinus Kerner

Ein Rezept mit Kreide
einem Patienten, der eilte,
im Wald auf den Rücken geschrieben.

Der Wandrer an der Sägemühle,
Kafkas Lieblingsgedicht,
im Jahrhundert, das folgte.

Die Äolsharfe.
Die Klexographie.

Totenköpfe mit Krautsalat
riefen die Irren in Ludwigsburg.

Ein Schatten im Badeglas.
Stockfleckiger Kupferstich.

Ein Spiel von Vater und Sohn,
sich auf den Fußboden legen,
Vater nannte das Sarg anmessen.

Paysage

Die dicken Pferde
rennen wie verrückt
– ein irres Weiß –
im Kreis zu Dreiergruppen.
Ein Depp, geknickte Knie,

hält sie am lockern Band.
Sie stampfen Körner aus.

Rechts schlagen Männer
Flegel ins Getreide.

Die Mitte ist ein hoher gelber Haufen,
ein spreuer Kubus,
höher als zwei Menschen.
Davor, in seinem Schatten, lungern einige,
auch Pferde ruhn, im Hintergrund, sich aus.

Die Magd trägt eine Mahlzeit auf dem Kopfe.
Im Feldweg steht, im weißen Kleid, die Herrin,
und ein Galan, in Schwarz, mit Hut und Degen.
Gehöft und Stadt
und Schloß sind fern zu sehen.
Das Ganze ist ein leicht verschoßnes Grün,
mit goldnem Gelb,
staubgrau, gemischt mit Weizen.

CHRISTOPH MECKEL

Am Schleifstein

Der Schleifstein rollte rollte rollt
als ich mein Messer schleifen wollt
der wilde Funke Feuer stob
als ich die stumpfe Klinge hob
um anzuspitzen, das Geroll
des Steins schrie mir die Ohren voll
der seitwärts kalte Späne warf –
ich machte mir mein Messer scharf.
Wenn ich mit Schleifen fertig bin
in Finsternis gewärtig bin
dann komm ans Licht, tret aus der Nacht
ich hab mein Messer hart gemacht,
wer du auch bist und wes Gesicht
wer dort im Finstern mich verlacht
umheult bebellt fremd zu mir spricht
wer dann ans Licht tritt aus der Nacht –
ich hab mein Messer scharf gemacht!

Mörike

Windlicht, Tierschritt, Irrlichtlaternen schwankend am Hügel hin durch Regen und Dämmerung spät. Wind von der Alb und die steigenden Finsternisse am Himmel. Fensterlicht wirft große Schatten hinter das kleine Getier, das sich duckt ans Gemäuer und pfeift und singt. Regen von den Ziegeln tropft in den Holzstoß vorm Haus, tropft in den Sand, rinnt ab an den Lupinen.

Ein kalter Hauch bläht die Gardinen rund. Er ist allein im

Zimmer, Kälte kommt. Ein Schwindel packt ihn, ein Schweiß, ein Schauer durchkältet den Hals, daß er das Fenster schließt und die Augen zuhält.

Heitere Frühe, anhebend des Tages Lieblichkeit mit unendlichem Licht, die schwäbische Sonne, weiß Gott, und koschere Freude! Goldraute hab ich vorm Fenster und Heckenrosen, aufschießt das Unkraut um den Lattenzaun. Das Brennesselweib wird dieser Tage kommen. Dengeln und kleines Geschrei in den Wiesen am Dorfrand, vorbei in Eile ein rotes Kopftuch am Pfarrweg – wir wollen uns nun den Versen zuwenden, Catull!

Auf dem Tisch gilbt Papier, unterm leeren Weinglas der Vornacht. Da hab ich Schneckenhäuser für die Base, ein fälliges Scherflein. Und Musterkärtchen für die musischen Herrn in Stuttgart. Flakons, Schlafäpfel, Blumentöpfe. Ich kenne einen, der schätzt meine Gurkenrezepte.

Ich hab einen Fingerring für eine, wir wissen für welche, ich schnätzle mir meinen Tabak am Holztisch, horche. Golden steht die Sonne im Salat. Und Erdgeruch, ein süßes Gelächter vom Dorfplatz, ein Hundegebell, ein Wiehern; die Kirschbäume läuten.

Wir wollen uns nun den Versen zuwenden, Catull! Idyllen, Episteln und Verse für das Alter. Wer kennt unser Morgengesicht, unser Nachtgesicht? Ich schweige, leg mir den Hausrock um. Ein Launenrankenwerk im Taschenbuch, Gucklochentdeckungen, ich kenne die Götter! Poetisch Backwerk und Frauenzimmerverse, sie wollen gemacht sein, ein Blütenduft. Ich lache, mir jucken die Hände, ein Lallen müde; ein Kopfschmerz hinter den Ohren, daß es mir schwarz wird vor Augen.

Ich hab eine Kurzweil gemacht für Fanny, gesanglich – manierlich; wir freuen uns, wir lachen; doch sah ich –

Die Könige sah ich, herrlich auf den Inseln, Mondglanz hing an ihren Perlenröcken, Sington des Meeres flog an alle

Ufer, die wilden Fische redend in allen Sprachen. Paläste, Gärten, wildernd Anemonen, und mächtige Falter schwarz und klebrig von Tau, ein Schweigen auf allen Hügeln rings, als mit Geheul und steckenlangen Schnäbeln ...

Ach wer erzählt dem Kinde ein Märchen, Fanny!

Gehaspel des Windes umher; unzählige Zeit, ein Katzengefauch im Gärtlein, verzieht sich mählich ins staubige Gras. Ich schweige, horche, die Kuckucke feiern Hochzeit, ich höre sie in den Wäldern, ich trau meinen Ohren. Wir wollen jetzt einen Kanzeltext verfassen, wolls Gott, er gelingt uns; die Götter sind pfiffig und faul, wie wir wissen, ich schreibe und schreibe –

Höhe des Sommers und Abend, ein schütteres Licht auf den Hügeln. Ich bin durch den Wald gegangen, hab Blätter gesammelt, Steine für jemand und schöne Junikäfer. Sinniert am Abend überm feinen Geäder des Blattwerks auf seinem Holztisch, das Studium von Blättern und Rinden, wir wissen es, erhält ihn die halbe Nacht.

Und Katzenaugen queren Mohn und Holunder. Geäuge, es stimmt mich verdrießlich, ein Feuer im Laubwerk, ich hab es nicht sehen wollen. Der großen Scheinmonde Nachtgewächs kühl glanzlos feucht verschwebt im Halblicht am Fenster.

Die Nacht bricht an. Ein Licht kommt von der Straße. In Hausschuhn geht er über die warme Diele. Ein Klopfen hüpft durch die Wände, ein Tasten von Schuhen, ein Knirschen – ich wars nicht allein, der es hörte! Ein Schleifen von langem Haar, Tierpfoten, Eisen; die Mauern biegen sich leis, Gebälke redet. Ein Schauder kratzt ihm die nackten Sohlen, daß er, allein im Zimmer, die Dielen aufreißt, die von Nägeln kreischen.

Wir wollen uns nun den Versen zuwenden, Catull! Grammatiken, Lexika liegen geordnet und Schreibzeug, das schöne Versmaß erwartet uns, ferner Freund, und die Stille erheitert uns, der lichte Abend. Was klapperte, fuhr durch die Luft –?

dergleichen kenne ich schon – ein Fieberlaut, ein Bienenton, und dann ... Es peitschen Nixenschwänze durch den Raum, die Sümpfe schmatzen laut im schwarzen Wald, ein Feuer kommt, Gerölle klappern irr, ein Phosphorglanz jagt über Kronenstümpfe, ein Brummen kommt, ein Heulen kommt, ein Schrei, Meerkönigs Weiber jodeln in Dämmer und Licht, ein Feuer am andern, ein Schrei in alle Winde ...
Dämmerung kommt über den Hügel nah. Eines Tages Wärme schwelt an den Mauern. Er rückt den Holztisch ab vom kühlen Fenster. Türen gehn laut im Haus, es klappert Geschirr auf der Diele.
Mörike ißt zu Abend. Käs, Brot und Wein, Tabak und Pflaumen erheitern ihn, wir wissen es, die halbe Nacht.

Schinder

Schneeschwebe. Nacht. Mein Schinder ist zu Gast
und spricht, vor er mein Auge kommt zu brechen:
»Ich denke dran, daß du zu sterben hast
und will, was darauf folgt, mit dir besprechen.

Nochmals zu leben hab ich dir erlaubt
als ein Stück Vieh, ein Fleisch, ein tauber Knochen
mit Paviansschädel oder Walfischhaupt
das einst aus deinem Grabe kommt gekrochen –«

Schneeschwebe hör ich rauschen und muß wählen
bevor in meinem Auge fault das Licht
die Wälder und das Meer – entweder – oder –

Was soll ich dem Gewaltigen erzählen?
So oder so – die Götter seh ich nicht –
»Ich will nichts sein als meines Leibes Moder.«

Nicht gesagt

Nicht gesagt
Was von der Sonne zu sagen gewesen wäre
Und vom Blitz nicht das einzig richtige
Geschweige denn von der Liebe.

Versuche. Gesuche. Mißlungen
Ungenaue Beschreibung

Weggelassen das Morgenrot
Nicht gesprochen vom Sämann
Und nur am Rande vermerkt
Den Hahnenfuß und das Veilchen.

Euch nicht den Rücken gestärkt
Mit ewiger Seligkeit
Den Verfall nicht geleugnet
Und nicht die Verzweiflung

Den Teufel nicht an die Wand
Weil ich nicht an ihn glaube
Gott nicht gelobt
Aber wer bin ich daß

Spiralen

Wir schreiben auf die Kuhhaut
Mehr als auf die Kuhhaut geht
Wer soll es lesen?
Fünf Dollar für den der noch unsere Sprache versteht

Für das Anhören eines Gedichts.
Der Regen hört zu
Das gleichgültige Abendrot
Das genügt uns nicht.
Dem Hund sträubt sich das Fell
Er zittert bellt an der Furt
Das genügt uns nicht.
Der Träumer stürzt vom Dach
Er ging Spiralen
Ein Ammonshorn als Grabstein
Das genügt.

Demut

Mir aufgelauert entdeckt
Die Blüten Falschgeld
Die ich unter die Leute bringe
Und die falschen Papiere
Mit denen ich reise
Und das falsche Zeugnis
Das ich ablege ehe
Der Morgen kräht
Und das falsche Spiel
Das ich treibe
Mit wem
Mit mir

Rotwelsch entziffert
Letzthin
Im Jahr der ruhigen Sonne
Blutsenkung erhöht
Und gewußt
Es ist Zeit für Demut.

Gerontologie

III

Die am meisten, so heißt es
Vertrauten
Aus welchen Gründen auch immer
Oder aus gar keinem Grunde
Diese

Werden am tiefsten gebeugt
Kurz vor dem Ende.
Die Arme mit denen sie spielend die Erdkugel stützten
Werden ihnen gebrochen
Welch ein Gewicht erdrückt sie.

Die Sonne wird ihnen gestohlen
Und in einen Sack gesteckt
Die Bäume zu ihren Häupten
Haben niemals Blätter getragen
Der Wind weht aus Asien
Ach ihr Winter in Wien.

Keiner mehr da, an den sie sich wenden können
Alle Seiten im Adreßbuch leere Seiten
In den Beichtstühlen Schemen.

Am schnellsten verschwindet was
Sie den Sinn ihres Lebens nannten
Oder den Sinn alles Lebens.
Dieser wird ausgeblasen. Ein Nichts
Eine kleine Zugluft
Zwischen Tür und Angel
Genügt.

Stammbaum

4
Unstet die meisten Meinen
Schlecht Angepaßte
Verschwender und Betrüger
Ja auch solche
Auch wackere Bleizeugmacher, warum wacker?
Minister, die an den Rand ihrer Akten Belangloses schrieben
Befehlsverweigerer, die an ein Dorf in Spanien
Ein zu brandschatzendes, kein Feuer legten.
Unzufrieden die meisten mit sich selbst
Großmütig mit andern. Leute augenscheinlich
Die über alles Maß am Leben hingen
Die kurz vor dem Ende noch Langsamwachsendes pflanzten
Oder etwas angingen, völlig neues
Wenn die Füße sie schon nicht mehr trugen.
Volk, das sich ewig machen wollte hier
Unfromme Beter, die zuletzt noch schrieen.
Ihre ausgebluteten Lungen
Ihre besinnungslosen Stimmen schrieen.
Wer sagte ihnen wahr, wer sagte Wahres
Wer sagt mir über die, die kommen, wahr.

5
Ihr und nur Ihr
Und nicht auch die Springer und Tänzer
Nicht auch du, Jubal?
Nicht auch die Spaßmacher, die mutig immer von neuem
Ihre winzigen Geigen bespannten
Die hellsichtigen kleinen Teresen
Der arme Spielmann?
Von welcher Familie spreche ich
Von welchen Verwandten?

Abgewandert längst
Aus dem papierenen Halbkreis
Von den Grabhöfen Friedsteinen namensgleich.
Auf den Wällen von Lucca zu gehen
Auf den Wällen von Soest.
Ein Kleid sich anzupassen
Aus dem Wolkenflug der Maremmen
Mit Brandungssäumen
Einem Gürtel Okeanos.
Zuhause überall wo Wasser rinnt
Unter der Herbstblätterdecke.
Verschwistert den Einsamen
Den Liebenden
Den einsam Liebenden. Dir
Ausgestoßener Adam.
Grundton noch immer der alte
Mit dem der Vorhang im Tempel zerriß
Darüber einige Läufe leichtfüßig zart.
Präludien Hoffnung.

Treib ich das Rad

Das Winterweiß noch angekrallt am First
Perce-neige
Du zarter Weckruf.
Im Handumdrehen
Strömt mir das Schmelzwasser
Stürz ich den schwarzen Schneemann.
Treib ich das Rad meines Jahres
Den Rosen zu
Und über den Sommer hinaus
Ins Kartoffelkraut

Und über den Herbst
Eilig
Eilig
Wohin.

Vor der Abfahrt

Sie kamen und suchten
unter der Bank, im Gepäcknetz
suchten sie jemand.
Danke, sagten sie zu mir.

Auf dem Dach, zwischen den Rädern
suchten sie jemand.
Unter meiner Mütze
suchten sie nicht.

Starr war die Erde.
Da nahm ich den Schnee.
In meiner Manteltasche
nahm ich den Schnee mit.

Rom

Ich frühstückte und ging
und war vielleicht von vielen eine,
die überdauern würde,
aber soweit dacht ich kaum.

Ich hielt mich fest in dem Gedanken,
daß ich schon tot sei, folglich:
unübernhaufenschießbar.
Was ausgestreckt lag, widersprach nicht.

Die Uhr stand still.
Ich zählte an den Fingern:

jetzt der, dann der, dann die, dann ich
und aß zu Mittag.

An diesem Mittag bebte Rom,
ein Dolce unterm Glassturz.
Erst als der Abend kühl war,
umfaßte ich mein linkes Handgelenk.

PETER JOKOSTRA

Schönheit heute

War er nicht schön
mit dem Wind unter Sternen:
der friedliche Wahnsinn der Jugend?
    Mit der Erinnerung an das Waldgut Rogonnen,
    an die Domäne Klein-Schwalg,
    an Wessolowen und Grindashof,
    an die singende Stille der Namen,
    an das Glas, das zuviel war
    in der Schenke zwischen Benkheim und Buddern,
    an den Meschkinnes, an Kolpak, den Wirt?

Was nennt ihr nun Schönheit?
Das klägliche Wortspiel der Traditionen
– und Neues beginnt doch nie! –,
die Vaterfaust im Rücken der Hoffnung,
die teuflische Treue den längst erkalteten
Sitten und Bräuchen, den Tafeln,
bedrängt von blutleeren Masken?
    Mein Freund ohne Hut,
    dessen Haar sich kräuselt
    unterm jüdischen Mond, ergraut,
    gekreuzte Klingen der Blick,
    die Wetterkiefern am andern Ufer des Sees,
    fern bei Rudschany:
    Schönheit, hier find ich dich wieder!

Und du schläfst ohne Namen
im Bett der Gezeiten,
gejagt vom Heerbann des Winds.
Du schläfst und ich hör dich hoch oben,

in meinem Haar, unter Sternen,
unter den Sternen der sarmatischen Zeit.
    Sie sagen: die Wölfe kehren zurück –
    Schönheit, hier find ich dich wieder!

KARL SCHWEDHELM

Rimbaud in Luxor

(1879)

Damals erfüllte ihn schon der Haß auf Geschriebenes,
außer wenn es Rechnungen für seine Kunden waren.
Seine Verse von einst
hatten die Welt nicht explodieren lassen,
sie besaßen weniger Durchschlagskraft als
die Kugel Verlaines in Brüssel.

Aus dem verhaßten Provinznest voller Krämer
hatte sich der Knabe hinübergeträumt in das
uranfängliche Vaterland: den Orient,
wie ihn die Stahlstiche von »L'Univers Illustré« ausgemalt,
romantischer und manierlicher als je er gewesen.
Die Fliegen in den eiternden Augenwinkeln,
Staub, Gestank, Lärm, Sklaverei
hatten jene braven Bilder verschwiegen,
und auch die tödliche Sonne.
»Soleil et Chair« – einst ein Schrei nach Freiheit,
doch die Wirklichkeit war nackter:
Schinderei in den Brutöfen
kleiner Hafenstädte am Roten Meer,
schleichende Krankheiten, die den Leib gerbten.
Damals hatte er Farben gehört, Klänge gesehn:
seine Poesie hatte die Physik entthront,
nun ergriff bleierne Körperlichkeit
wieder Besitz von ihm, zu später Rache.
Alles war Flucht gewesen. Bedrängnis – der Wanderzirkus in Schonen,

Londons Nebelsonne, die fiebrigen Lesestunden unter der Kuppel
des British Museum – Mailand – Stuttgart – Marseille:
ein Heerzug von Schatten.
Hier nun war Welt:
LUXOR,
die Bündel der Tempelsäulen am Nil.
Vor dem Schlaf der Jahrtausende verlor sich
quälende Gegenwart, dieses 1879,
flüchtige Zahl nur im sonnenvergilbten Kalender.
(Geburtsjahr Einsteins, Stalins und Paul Klees,
von denen nur einer die Welt zu sich selber erlöste.)
Er, der Handelsagent, längst dem trunkenen Schiffe entstiegen,
grub seinen Namen in einen Architrav im Westen des Tempels,
der Todesseite,
neben Hathor, Anubis und Seth die Hieroglyphe
RIMBAUD –

WOLFGANG BÄCHLER

Rachel

»Gardez cet objet précieusement!«
sagte Vincent van Gogh zu Rachel,
der er sein Ohr geschenkt hat.
Ich suchte vergebens jenes ›Maison de la tolérance‹
Nummer eins der rue du Bout-d'Arles,
in dem es der Chronik zufolge geschah.

Am Mittag bin ich Rachel begegnet.
Unter den schwarzen Zypressen
von Aliscamp, den Elysäischen Feldern,
saß sie auf dem zerbrochenen Deckel
eines römischen Sarkophags.
Käfer krochen aus ihren Zehen
die nackten Schenkel hinauf.

In ihrem Schoß lag fleckenlos weiß
ein riesiges Ohr
mit tiefer, dunkelnder Muschel.
Durch die gesenkten Krallen der Wimpern
glühten die Augen so stark,
daß die Agave vor ihr zu brennen begann.

Da sah ich den Brunnen.
Ich wälzte den Stein vom Schacht:
Labans Schafe kamen zur Tränke.
Offen gegen den Himmel und weit
ist das Haus der Toleranz,
unsterblich Rachel,
die nicht getröstet sein will.

Erratischer Block

Normannische Küste

Hier sind die Wiesen noch nicht vernarbt,
hier stürzen noch Rinder und Lämmer
in tückisch verwachsene Schützengräben
und Panzerfallen. Die Marder
lauern in Deckungslöchern.
Über die Reste gesprengter Bunker
ziehen Ameisenheere.
Wilde Karnickel hausen darunter
und manchmal schnüren Füchse vorbei.

Zwei Bombentrichter stehen voll Wasser.
Die Rinder und Lämmer versuchen seit Jahren
sie leerzuschlürfen,
auch die Raben trinken darin.
Es gelingt ihnen nicht.
Die aufgerissenen Augen der Erde
schließen sich nur im Winter.

Die Holzkreuze drüben sind ohne Namen,
das größte umflicht eine Stacheldrahtkrone.
Weißdorn und Rotdorn
säumen die Schädelstätte,
im Westen ein Eichenwald,
der den Küstenwind abfängt,
den Sand und den Blitz.
Nur das Donnern der Brandung
durchdringt ihn.
Das Meer, das unsichtbare,
ist immer da
wie das Licht und die Nacht.

In der Waldschneise liegt
ein erratischer Block.
Ein Findling, ein Hünengrab,
ein keltischer Opferstein?
Zwei Raubvogelkrallen sind eingraviert,
Haarsterne, ein Bischofspfennig,
darunter der Abdruck von Muscheln.
Ein Epitaph in chinesischer Schrift?
Peripherisch Moos,
das sich niederläßt,
weitertastet zur Vogelkralle,
festhängt, über die Risse schleicht,
die Muscheln bedeckt,
den Stein erobern will.
Es gelingt ihm nicht.

WOLFGANG HÄDECKE

Heym

1
Ein heiserer Vogel
krächzt von der Tribüne,
flügelschlagend,
Rost in der Stimme,
eisig.

2
Seine Langeweile: tödlich.
Nachts: Jakobinermützen
zucken im Weinnebel,
Kokarden, Salven –

seine Verse, feindselig
rauchend, schlagen auf
wie Stiefeleisen,

die er hassen müßte.

3
Keine Legendenfigur,
nicht einmal
im Haveleis
unter grauen Korallen,
neben Ophelia.

4
Ein Lachen
streckt seine scharfe Zunge
aus dem Gesicht.

Hekuba wird tanzen
mit störrischen Knien,
die Alte, am lockeren Seil
seines Lachens

(dort trommelt der Neger,
der Schwarze, er glüht
in den Firsten, er trommelt,
der hockende Gott,
der Städter, er spreizt
seine Beine, er säuft
seine Kannen, er trommelt,
er singt)
                und Monde
fallen schwefellaut.

5

. . . ewig verliebt, Mädchennamen in den
Tagebüchern aufgereiht wie in einem
Firmenkatalog, fünfzig Emmas, Idas,
Hildes, lächerlich, leicht besoffen,
offensichtlich Schwärmer, daneben
allerdings die käuflichen Damen, die
gebraucht werden wie Taschentücher;
Beamtenanwärter, bettelt glatzköpfigen
Amtmann um ein paar Wochen Urlaub,
Fackeln im Hirn, was nicht zählt im
Apparat, schreibt, geht auf Bälle, fährt
in Kutschen, läuft Eis, ekelt sich
vor dem Vater, schreibt, macht Honneurs,
kegelt, trinkt Bier, hat die Schultern
eines Boxers, schreibt, sorgt für seinen
Nachruhm . . .

6

Die Leiche wird
zwecks Identifizierung
in der Morgue ausgestellt:
in einen grünen Eisblock gekrümmt,
Eis im beleidigten Mund,
Eis in den Augen,
Eis in den Lungen –

keineswegs bereit zu sterben
obwohl der Tod
oder was man so nennt
nicht unverhofft kam:

eine grüne Blume.

Ein Tag

Güterwagen Baracke Fischsuppe
der Marsch zum Ostrog
Filzung
        sagt man Brot und Arbeit
sagt man Sühne Strafe
        sagt man Tod und Tundra
sagt man und sagt man Stacheldraht
        und Schnee und Schmerz und
Purga sagt man und sagt man

Sehr fern

Was geschah
geschah sehr fern
            einige von uns haben
            die Schüsse gehört

Die Urteile sind vollstreckt

            Auch wir standen auf der Liste
            Sie sagen: wir leben noch

Danach

Der graue Sommer ist hinter uns
die Stunde der Erschießungen

Abschied
Vergessen

Jetzt können wir die einfachen Dinge
wieder einfach sagen

Per sempre

Für Ungaretti

Alter Freund – Giu –
was hast du gemeint
mit deiner letzten Zeile:
FÜR IMMER AUF EWIG VON NUN AN
ALLEZEIT IMMERZEIT ALLZEIT
Wir rätseln
enträtseln
verrätseln
sechs Übersetzer
zweiundvierzig Rezensenten allein in D.

Du schweigst
für immer
und meinst doch nur:

Der Augenblick
per sempre.

In nichts verankert

Da war so lastend
der Auflassungsort,
schwankend unser Sinn,
unsere Uhr verstellt,
aber von Himmel zu Himmel
wurde die Streuung weiter
über dem Glimmer,
die Richtung zählte nur
des unauffindbaren Schlags.
Ihr hattet viel verschuldet wohl,
daß Dunkel lag
über eurem Land.
Unser traumgerichteter Flug
durchbrach die Wolken,
der Sonnenstand war ausgemacht:
wir, katapultiert
durch eigene Hand,
warfen den Anker,
in nichts verankert.

Trabant

Eingefangen
von diesem Schwerefeld,
bestimmt, es
zu umkreisen,
vielleicht aus dem gleichen

Ausgangsmaterial entstanden,
aber in Prüfungen
anders wahr geworden.
Gestein,
das deine Gegenwart
aus der Erstarrung erweckt:
beständiger Sonnengefährte,
unerbittlicher Sonnenwind.

Möglicher Bericht

Es war ein erloschenes Gestirn,
seine Oberfläche eine starre Einöde,
genarbt von Kratern,
die Farbe des Bodens
schwer zu bestimmen
im ungebrochenen Licht
(ohne Übergang, schneidend
unterschieden sich Helligkeit und Schatten).
Zu atmen
in dieser Menschenferne
schien mir ungeheuerlich, Leben
eine rätselhafte Ausnahme.
Und plötzlich begriff ich,
daß die Bedeutung,
die der Erde zukommt
(aufleuchtend, in einem
anderen Schimmer)
von schwindelerregender Evidenz ist,
fast als wäre sie
das Zentrum des Universums.

HILDE DOMIN

›Seids gewesen, seids gewesen!‹

Die letzte Erde
der Erde letzter Tag
die letzte Landschaft
die eines letzten Menschen Auge sieht
unerinnert
nicht weitergegeben
an nicht mehr Kommende
dieser Tag
ohne Namen ihn zu rufen
ohne Rufende

nicht grüner
nicht weißer
nicht blauer
als die Tage die wir sehn
oder schwarz
oder feuerfarben
er wird einen Abend haben
oder er wird keinen Abend haben
seine Helle sein Dunkel
unvergleichbar.

Die Sonne die leuchtet falls sie leuchtet
unbegrüßt
nach diesem Tag
wird es sich unter ihr öffnen?
Werden wir

als Staunende
wieder herausgegeben
unter einem währenden Licht?

Zünder der letzten Lunte
Maden der Ewigkeit?

Schöner

Schöner sind die Gedichte des Glücks.

Wie die Blüte schöner ist als der Stengel
der sie doch treibt
sind schöner die Gedichte des Glücks.

Wie der Vogel schöner ist als das Ei
wie es schön ist wenn Licht wird
ist schöner das Glück.

Und sind schöner die Gedichte
die ich nicht schreiben werde.

Drei Arten Gedichte aufzuschreiben (1)

Ein trockenes Flußbett
ein weißes Band von Kieselsteinen
von weitem gesehen
hierauf wünsche ich zu schreiben
in klaren Lettern
oder eine Schutthalde
Geröll
gleitend unter meinen Zeilen

wegrutschend
damit das heikle Leben meiner Worte
ihr Dennoch
ein Dennoch jedes Buchstabens sei

Ich will dich

Freiheit
ich will dich
aufrauhen mit Schmirgelpapier
du geleckte

(die ich meine
meine
unsere
Freiheit von und zu)
Modefratz

Du wirst geleckt
mit Zungenspitzen
bis du ganz rund bist
Kugel
auf allen Tüchern

Freiheit Wort
das ich aufrauhen will
ich will dich mit Glassplittern spicken
daß man dich schwer auf die Zunge nimmt
und du niemandes Ball bist

Dich
und andere
Worte möchte ich mit Glassplittern spicken

wie es Konfuzius befiehlt
der alte Chinese

Die Eckenschale sagt er
muß
Ecken haben
sagt er
Oder der Staat geht zugrunde

Nichts weiter sagt er
ist vonnöten
Nennt
das Rund rund
und das Eckige eckig

Licht ohne Schmerz (V)

Auf der Erde sein
bei den alternden Schatten.

Auf der Erde sein,
die viel weiß.

Im Dunkeln sein
und im Kalten
und schlaflos.

Auf der Erde sein
und das Werk tun.

Das Leben
wird ihm entsprechen.

Heute abend

In dieser Straße lebe ich also.
Der Zaun, die Telefonzelle, wie sind sie nah,
auch die Häuser, an denen ich vorbeigehe,
verändert, unverändert seit Jahren.

Vom Flughafen das Licht des Scheinwerfers
kreist nachts über den Dächern,
huscht über die Fenster,
hinter denen ich also wohne.

Vor mich hintrottend
spüre ich der Luft schöne Kälte.

In diesem Körper bin ich also,
gehüllt in diesen Mantel.

Das Metall des Schlüssels,
mit dem ich die Tür öffnen werde,
zum wievielten Mal, ist heute abend
fester und kühler, als es je war.

Vorwände

Zwischen uns und den Frieden
haben wir Vorwände geschoben.
Sonst würden wir ihn entdecken,
mitten auf der Ebene,
über der unaufhörlich Schnee fällt,
verlassen und bereit, sich zu nähern.

Der Schlaf

Ja, die Bitte des Matthias Claudius.
Aber der Schlaf sei ein Drama,
sagt unser Nachbar.
Ein Aufruhr sei er, ein Tumult,
ein Zusammenstoß, eine Empörung.

Wer wisse, was alles beteiligt sei
an dieser Gewaltsamkeit,
die uns erstarren lasse,
uns die Stimme raube;
an dieser Auseinandersetzung von
Kräften, deren Treffpunkt wir seien.

Vielleicht beschützten uns
manchmal unsere Träume davor,
ein wenig, gerade noch.

Columbus

Neulich
bin ich Columbus begegnet,
in einer Seitenstraße Genuas,
nicht weit von seinem kleinen Haus.

Er war gerade
von seiner dritten Reise zurückgekommen.

An die Existenz
eines neuen Festlandes
habe er im Grunde
nicht geglaubt, sagte er.

Die Alten
hätten ja nichts davon gewußt.

Vielmehr habe er zeitweise
den Eindruck gehabt,
er nähere sich dem Paradies.

Beobachtungen an Strömungen
hätten ihn auf den Gedanken gebracht.

Aber Kastilien war doch schöner,
meinte er.

Wenn er tatsächlich
eine neue Küste gefunden habe,
werde er es erst später verstehen.

Wenigstens besteht die Möglichkeit,
fügte er hinzu.

Ach, die Lappländische Reise

Da, hallo, im Schatten Linné,
wie er seine Stiefel zur Seite stellt
und sein Notizbuch verwahrt.
Das Ende der Welt habe er besucht,
Sommer und Winter an einem Tag angeschaut.
Er sei bis dorthin gekommen,
wo die Leere arbeite.
Ach, die Lappländische Reise,
zu Fuß, die Entbehrungen.
Aber das Herbarium
mit siebentausend Arten,
das habe er nun.
Und ob man nicht doch lachen sollte,
ehe man glücklich ist?
Aber man hört die Frage kaum noch,
er hat sich schon umgewandt.

Die Erde auf einem Photo

Da ist die Erde,
zum ersten Mal,
da ein Sturmwirbel,
da ein Wolkenband,
leicht zu erkennen,

das vermutlich dem Lauf
der Anden folgt.

Da ist die Erde, die
birgt und verbirgt Leben,
von Svevo eine Krankheit
der Materie genannt.

Da ist Abenddämmerung,
da ist es hell –

durch geborgtes Licht,
von weither,
Licht in Scharen.

HANS-JÜRGEN HEISE

Dich

Dich haben sie erschossen
mich vertrieben

Und nun verteidigen sie
mit Gewehren
dein Grab
gegen meine Blumen

Sie folgten

Sie folgten im Schlaf
der Raupe
fanden
die Seide

Im Wald wird der Küstenwind grün

Die andern – die Ballenträger
Das Land – seine Male

Der lange
staubige
Weg

Das Joch im Museum
sieht harmlos aus

Enfance III

Es gibt eine kleine Weinstube
da kennt keiner Rimbaud

Aber jeder
kann die Kellnerin zwicken

wie im *Grünen Cabaret*

Der Herr Hofmeister Hölderlin

Ach! und zum Fluß hinunter
die Kirschen
röter geworden um soviel
wie die Wege
staubiger sind

›Nicht länger‹ schreibt er
abends an die Mutter
›kann ich noch sein
Euer Fritz

Sondern
indem mir allerorten
und also auch vom Olympos
der Kindheit her
Besonderes widerfährt
muß ich jetzt
da es in meinem Ätna
heißer wird
lernen ohne
Schuhe zu gehen welche
einem solchen Werk

wie dem meinen
bloß abträglich sind‹ Schreibts
und zerreißt
die Epistel

Was linear als Freiheit begann
endet im Kreislauf der Jahre

Elvirastraße

Wie sind wir nur in dieses Licht geraten?
Die Apfelsine
die wir aßen
kann es nicht gewesen sein

Erinnere mich nur noch
: Wir mußten durch ein Tor
es war aus Rauch
(jemand paffte
Perspektiven und Horizont)

Du wolltest den Anker haben
der hinter dem zerbrochenen Schaufenster lag
Dabei hatten wir es eilig

Der Wind fing schon an
das Tor wegzupusten

Fuente Vaqueros

Geburtsdorf Federico García Lorcas

Die Schienen der Granadiner Tranvia
enden hier
im Sand

Ziegenherden in den Straßen

Die Fensterläden
geschlossen (auch die olivfarbenen
der Nr 4)

Nichts

Nur das Geräusch
einer auf- und zu-
schnappenden Schere

porträt einer stadt

eine blattpflanze
mit echtem pfefferminzgeruch
gab es
und haarige stachelbeeren
kohl mit raupen und eine
laube an der hingen
saure weintrauben

aber das war nur der garten

in den straßen
hätte der verkehr stocken müssen
denn es trieben schafherden vorbei
über der ganzen stadt
war ein würziger geruch
der kam von der majoranfabrik

(mit majoran konnte man übrigens
geschäfte machen
kurz nach der währungsreform)

gräser

mit dem fingernagel
versuchte ich auf tischen
an baumstämmen an stuhlbeinen
sogar am bleistift
die maserungen des holzes nachzuziehen

ich haßte jemanden
der gesagt hatte: »meine bienen«
ich liebte den satz:
»mit heu beladen kehrte er heim«

ich las
daß es viertausend verschiedene arten
von gräsern gibt
(ich fand nur sieben)

zu rispe fiel mir lispeln ein
später wispern
da war wenigstens eine gewisse
vorsicht im wort
die guttat

Nachsaison

Der Spiegel verwandelt sich
In einen Teich.

Er enthält
Einen Schüler, der
Englische Gedichte liest,

Einen Garderobenständer und
Zwei Enten, die unter der
Hospitalbrücke verschwinden.

Was für ein ruhiger
Nachmittag das ist.

In Venedig soll das Hochwasser
Den Markusplatz überfluten.

Schon beginnen einige Arbeiter,
Von den Gerüsten zu steigen.

Schon flattern Möwen
Um ihre Mützen.

Postkarte aus Kairouan

Ich möchte etwas
Über Kubismus lesen.

Auf den Dächern
Singen die Schwalben.

Hier gibt es keine Bäume.

Schreibe mir, ob in
Nürnberg Schnee liegt.

Langsam bewegt sich die Sonne.
Der Schatten bewegt sich.

Der Pantoffelmacher arbeitet
An einem grünen Stern.

In alten Manuskripten lesend

Hier deine Zeit,
übersetzt in deutbare Zeichen.
Hoffnungen wurden nicht erfüllt,
was du liebtest, wandte sich ab von dir.

»Versprich mir, daß . . .«
Die Erinnerung zeigt:
Abend, Regen, zärtliches Haar.

In alten Manuskripten lesend
an einem Sonntagnachmittag
– still, Wolken verdunkeln das Licht –,
will ich die Schatten,
die mir die Luft abschnüren,
versöhnen.

NORBERT JOHANNIMLOH

Hier war es

Es war
auf gesplissenen Tannenbohlen
unter bleiernem Dachfenster;
der gelbe Duft
dörrender Lindenblüten
bis in die Fliegenhülsen
im Nest der Spinne.
Hier war es,
unter den Windrosenpfeilen.

GOTTLOB HAAG

Fallen

Für Walter Hampele

schau dem Regen
über die Schulter
auch das Fallen
will gelernt sein

mit dem Wind
ist immer zu reden
wegen des
Aufstehens

der Staub
hat darin
Erfahrung

Rauhreifmärchen

Für Godehard Schramm

der durch Mauern geht
ohne sich zu stoßen
ist ein großer Zauberer
vor dem Herrn

er entmündigt den Nebel
und formt ihn
an Ästen und Halmen
zum Filigran
unser Staunen ernennt ihn

zum größten
unter den Goldschmieden

nachts entwirft er
die Bilder zur Genesis
an den Fensterscheiben

die Farben
beginnen zu magern
wenn er in die
Steine kriecht

der Wind winselt und
friert durch die Straßen
unter seiner Gewalt
erinnern sich die Bäume
ihrer Stimmen im Holz

der durch Mauern geht
und in den Steinen haust
reitet auf einem Schimmel
sein Wappen schmückt
das Lachen der Kinder

Gesehen, gehört

1

Hände, Teller an diesen
faltigen Gelenken, Faltenringe,
über die Finger gestreift,
    – eine Arbeitsame im Alter
    hat keine andern –
sie drehn sich wie Kellen und Schaufeln
hin und her.

Die schlägt er sich, solche Hand-
schirme, übers Gesicht, als es
den Kehlkopf hinaufdrückt
und das Gesicht
ausbrechen will

bei diesen Brahmstakten
vor dem Klaviereinsatz.

(A. Rubinstein im Fernsehen)

2

Als ich hörte
        Paul Celan ist tot
hatte ich gerade in der Hand eine
holzgedrechselte Pfeffermühle:
weiß, drei Wulstringe am Fuß, eine
Kuppe.

Weißer König
in diesem Schachspiel. –

Zermahlend Adern und Gestein.

GÜNTER DIETZ

Scholien

ausführlich wurden im Seminar
Iliasscholien besprochen
wir vermaßen die Wörter
in den Scholien die Abweichung
lernten wir schätzen, die Abweichung
in unseren Meinungen
wir liebten die Meinung Homers
und die jungen Figuren der Wahrheit
die dunklen   die scharfen
die harten und hellen
die unvollendeten
die lesbaren

HANS DIETER SCHMIDT

Was sicher ist

Der Morgen, der über
den Bergen liegt.

Die Wärme des Wassers,
das die Nacht von den Händen
spült.

Das freundliche Knistern
der Zeitung.

Der gleichmäßige Schritt
meines Nachbarn
über die Treppe.

Das Geräusch, mit dem sich
meine Vergangenheit
ins Schloß wirft.

Das Hinausgehen in einen Tag
voller Wind, der sich
auf mein Gesicht legt.

Die Zurücknahme von Worten,
die noch nicht gesprochen sind.

Der Konjunktiv
des Gegenteils.

Der Pomeranzenfreund

Angefangenes,
leicht geneigtes
Antlitz.

Schwager Lange
wird es malen
an einem Abend
im Winter.

Thema für
Bassetthörner,
maurerische
Trauermusik.

Unaussprechliche
Küsse, Constanze,
hier kannst du
im Zählen dich
üben.

Du und der liebe Gott.

Ein Fußtritt,
Salieris Eifersucht.

Im Massengrab
und immer noch
weiterreisend,
Mörike auf dem Kutschbock –
dort das himmlische
Prag.

CARL GUESMER

Den Frieden anzutreffen

Ein Freund aus dem Ausland
fragte mich nach friedlichen
Straßen, wo das Rauschen
der Bäume noch den Verkehr
übertönt.

Wir fuhren an die Zonengrenze,
in die aufgeschlagene Landschaft:
sie ist dort das Buch der Geschichte,
seit Kriegsende nicht mehr um-
geblättert; die Grenze ein Lesezeichen.

An diesem Nachmittag war
der Friede so gültig, als wäre
er eben erst geschlossen;
die Uferweiden zirpten,
ein Junge stimmte ein
mit dem Blättern in einem Buch.

Weit und breit keine Schüsse,
am Abhang Ost und West:
auseinanderstrebende Fluren,
wie Hitler das Haar
gescheitelt trug.

Wandel

Seit langem weisen sich mir
die Jahreszeiten nur noch
durch ihren Zerfall aus.

Heiße Tage, kaum wahrgenommen;
der Ahorn blätterte seinen
Schatten hin. Schon ist
der Sommer verpfändet:
die leuchtenden Dahlien-Siegel
sind überall angebracht.
Die Jahre gehen vorüber
wie flüchtiges Streicheln
des Haars. Bald sind
die Tage heran,
an denen ich morgens
das Bett
gegen Schneewehen draußen
eintausche.

Tags versah er ein kleines Amt

Tags versah er ein kleines Amt
als Schreiber vielleicht oder Lehrer,
unauffällig in Wort und Gehaben
und anstößig keinem der Nachbarn.

Nachts jedoch brach er aus
in den Wald der geächteten Bücher,
vertauschten Wesens, ein Werwolf,
versenkte begierig in Lehren sich, die verfemten,
las, wenn die andern gehörten den Karten,
geheim von des Menschen Entfremdung.

Wiederkehrte er morgens
in die vertraute Gemeine,
harmlos dünkend und unverdächtig.
Aber im Blick, dem wissenderen,
glomm ihm manchmal
ein seltsam durchdringendes Licht.

Ich begegnete meinem Wort

Ich begegnete meinem Wort
im Mund des Verleumders.
Es kannte mich nicht.
Es wandte sich wider mich.

Ich traf meinen Mut.
Ich hatte ihn eingeflößt dem Verächter.

Er besann sich nicht meiner.
Er ermunterte einen Feind.

Ich sah meine Kraft
wieder im Werk des Verfolgers.
Sie war nicht mehr zu erkennen.
Sie zerstörte mein Haus.

Ich fand meine Liebe.
Sie frommte unwissend den Henkern.
Ich war ihr längst fremd geworden.
Aus holte sie ruhig zum Streich.

Istanbul

Wir haben den Muezzin nicht gehört,
es schrien die Händler.
Vergeblich rief der Hamal,
es brüllte das Schiffshorn.
Nur Christus, der dreimal Gefangene,
in der goldenen Wand,
im Olivenholz,
in den Netzen der Fischer
schwieg.

Alt-Ankara

Dörrend wie Schwalbennester am Fels:
Reiche, zerbaut zu Hütten,
Römersteine, gebacken in Lehm,
geköpfte Cäsaren als Mauerschläfer.

Ein geduldiger Tamerlan ist die Zeit,
räumt den Bettlern die Zitadelle,
bröckelt das Tempeldach von den Säulen
für die Brut gravitätischer Störche.

Auf einer westfälischen Wasserburg

Abend für Abend
ziehn sie die knarrenden Zugbrücken hoch

und sind unter sich
im Geviert der schimmernden Gräften,
seerosenbewehrt
hinter zärtlichen Schilfstandarten.

Aber der Regen
kommt dennoch auf Besuch.
Er liebt die alten Tapeten,
die trocknen Gesichter der Damen,
die sorgsam in Schränken und Laden
seltsame Palimpseste hüten:
Urschrift und Schrift,
das Antlitz der mythischen Amme
und des mystischen Mädchens.

Sie reden von Lorbeerrosen
und sagen verstockt und heiter
»kleine Gesellschaft« statt »party«,
während die junge Baronin
in einem verschoßnen Kattunkleid
sechs Kinder zu Bett bringt
wie Bauernäpfel ins Stroh.

Der 151. Psalm

Ein Lied zu singen
zwischen Einnahme der Schlaftablette
und ihrer Wirkung

Und ob ich schon
meine Hofrunden drehe
im finstern Tal
im Gleichschritt
mit geschorenen Schatten

so rechne ich doch
mit Dir
bei Wasser und Brot-
brechen
Du bereitest meine Flucht vor
im Angesicht meiner Feinde
immer vor Deinen
Verheißungen her

MARGARETE HANNSMANN

Denkmal im Januar 1971

Albertus Durerus Noricus
zum Kappenabend
aber sein Haar war wirklich rot
kein Privileg für den Pelzbesatz
auf dem Kragen
das Goldbortenhemd
wer sich vermißt
nicht unterordnet
wo die Ehrbarkeit verfügt
Halseisen

rund um den Sockel
übriggeblieben
lamettaverfilzt
Christbaumrümpfe

noch ist sein Haus
wegen Renovierung geschlossen

doch einen wirklichen
Augenblick lang
steht er
bevor die Gäste
Narzissen
erzen
ein wenig Schnee auf dem Kragen
Hermelin
auf seiner Schulter die Taube
trinkt
aus den triefenden Locken.

Bei Johannes Bobrowski

Es ist tröstlich
Von deinen Johannisbeersträuchern zu wissen
Und im Frühjahr das vergaß ich zu sagen
Müßte der Gartenzaun gestrichen werden

Aber geht denn der Herbst nicht zu Ende
Schmerzen die Ahornblätter nicht
in den weichen Händen deiner Kinder

Gewiß
Da ist ihre Mutter die durchs Haus geht
Und die tägliche Heimkehr
Und die hohe Tür
Durch die man aus der Dunkelheit kommt

Auch denke ich an die alte Schwester
Eilte sie nicht am Stock von Weh zu Weh

Es ist gut
Auf den Tag zu warten
Das ist: man bereitet sich vor

Kupferdreh

Mitten aus dem Leben
Renne ich den Berg hinauf   verstelle
Meine Stimme und
Verwandle mich in einen Beamten der

Bergischen Eisenbahn in einen
Liebhaber ohne Portefeuille   schlafe
Mit einem Schneemann einen
Bären im Arm einen   Fang einen Korn
Lege mich hin   sterbe & rate
Was die Erde mit mir machen wird
Oder ich mit ihr
Mutter läßt die Engel sausen   bekomm ich
Von allen deinen schönen Blumen
Einen Rosmarin vielleicht eine Raute und
Kehr nicht zurück   vergesse
Daß es diese Stadt gibt   diesen Berg
Hinunter auf den Fluß zu
Das Eis.

Peppino Portiere

Er erfand Blätter, die er
Mit einem Strohbesen vom Kies-
Weg fegte.

Er hatte eine Mütze.
Er hatte eine Tasche.
Er hatte ein Fahrrad.

Gegen Mittag bestellte er
Die Sonne, damit er
Im Schatten sitzen konnte.

Er gab Ratschläge.
Er sprach mit seinen Hühnern.
Er telefonierte in alle Welt.

Um Alter und Weisheit wett-
Eiferte er mit einem
Eukalyptusbaum

Dieser blieb Sieger.

HANS PETER KELLER

Spruchgedichte

wo das Nein an das Ja stößt – Stützpunkt
auf dem Wind

die Welle die an Land will
tut nur so

Pechvogel das Pech war
Honig

die Rauhnacht voller Messer und Zangen
Raufbolde Hebammen

zieh Staub über übe
dich

Die lautere Wahrscheinlichkeit, vom Himmel hoch,
schmilzt auf der Hand zu einem winzigen
Blickpunkt, im Nu unwahrscheinlich. Soviel zur
Schneeflocke. Dann gibt's noch Lawinen.

Weitsichtig – und strauchelt, ihm stehn seine Füße
im Weg.

Auf die Unsterblichkeit bauen! Das könnte euch so passen, ihr Faulpelze – alles auf die lange Bank schieben.

Solang du Glück hast, bist du nicht glücklich.

Granit

Über Granit gebeugt – aus südlichen Brüchen.
Während dein Hammer fällt
steigt dir ein Milchglashimmel ins Auge
während dein Meisel die Rinne gräbt
schmeckst du den Staub versteinerter Wälder.

Über Granit gebeugt –
O Ginster und Aloe schiefergrau verschwommen
während dein Knie sich
an die ausgetrockneten Ebenen preßt
– aus südlichen Brüchen
während dein schweißnasser Rücken gestreift wird
vom kühlen Hauch nördlichen Sommers.

Bistro

Provenzalischer Sommer, Radrennfahrer
von Brunnen zu Brunnen, Lorbeeren nach,
die schon verdorrt sind.

Provenzalischer Sommer, Sonette Petrarcas,
unauslöschlich mit Anker und Herz
in den Arm des Matrosen gebrannt.

Eine Feuerlilie im Wappen,
ein flatterndes Dreieck von Hähnen und Hennen,
Etappe, wo der Mais ins Korn,
das Korn in die Reben wächst.

Provenzalischer Sommer. Zeitkontrolle
von Rotwein befleckt.

Brief an Hans Bender

Für uns die Konturen,
die Akzente.
Für uns das Tabakfeld mannshoch
und der Weinberg im Badischen Land.
Für uns die Silberpappel am Rhein,
der Vogelschwarm unter den Wolken,
und von mir aus alles,
was über den Wolken ist.

Für dich der Tisch, das Papier
und die verläßliche Feder –
Für mich die Axt,
ich mag Trauerweiden nicht.
Was sind das für Bäume,
die zu Boden zeigen, Hans,
seit Straßburg neben mir unterwegs
auf dieser Erde.

WOLFGANG WEYRAUCH

Rosa, die Frankfurterin

Beckmann, Maler, nahm sie in das Bild,
Synagoge, Litfaß-Säule, Platz.
Malen ist nicht Schreiben. Fehlt der Satz
von der Rosa, die das Bild verhüllt.

Rosa war ein Mädchen, wie Ihr seid,
Bürgerin aus Frankfurt an dem Main,
hatte alles, Busen, Schoß und Bein,
aber eines nicht: Gerechtigkeit.

Hatte wieder mehr als andre, Stern,
mit den Zacken, gelb, ein Todespaß,
doch sie biß nicht in das gelbe Gras,
hatte doch das grüne Gras zu gern.

Sprang, zu Freunden, in das grüne Dach,
bis der Bomben Brand vom Himmel sprang;
wenn das Pack vom Judenmesser sang,
Rosa lag im Kohlenkasten wach.

Als der Krieg schon fast zuende war,
trieb der Hunger Rosa hoch. Und aus
wars mit ihr, und aus mit Mann und Maus,
Haut und Haar der ganzen Mörderschar.

Sind es alle? fragt der Schreiber sich,
wenn er mitten durch die Straßen streicht,
Rosas Mörder ist mein Wirt vielleicht,
und jetzt haßt er meinen Satz und mich.

Beckmann, Max, wir danken Dir Dein Bild,
Synagoge, Säule, Lampe, Draht,

gibt uns guten Rat und gute Tat,
denn Du maltest alles unverhüllt.

Seht, die Mauern, Fenster schief und krumm,
seht das alte Bild: es irrt sich nicht,
unterm gelben Neonröhrenlicht
wird gefragt, die Frage läuft herum.

Schornstein, Zaun sind krumm und schief, und nur
Mond und Katze sind im Gleichgewicht.
Mensch, aus Faß und Brett mach Dein Gericht.
Stell Dich drauf. Du witterst Deine Spur.

Ezra Pound

Ezra Pound,
in der Mitte der italienischen Stadt,
in einem Käfig, ausgestellt,
stinkenden Stein unter sich,
stinkende Pferdedecke über sich,
frierend, weil Winter ist,
bebend, vor Gleichgültigkeit
über die amerikanischen Soldaten,
die ihn beschimpfen, bespucken,
durch das Gitter nach ihm treten,
betrachtend den Tausendfüßler
aus Stiefel, Pistole, Uniform,
US-Tausendfüßler, UdSSR-Tausendfüßler,
NS-Tausendfüßler, Nasser-Tausendfüßler,
Tausendfüßler ohne Ursache, Wirkung,
ohne Voraussetzung, Erkenntnis,
Irrtum, Verwerfung des Irrtums,
stinkend, frierend, bebend,

denkend: wohl Euch,
daß ich kein Gedicht mache,
denn schreibe ich ein Gedicht,
und einer stört mich dabei,
töte ich ihn,
aber ich mache kein Gedicht,
ich kann kein Gedicht machen,
denn ich überlege mir,
ob ich mich geirrt habe,
im Gehege des Tausendfüßlers,
im Gehäuse der Anfechtung.

Kirschen

Wenn die Liebe auf Stelzen
über die Kieswege stochert
und in die Bäume reicht,
möchte auch ich gerne Kirschen
in Kirschen als Kirschen erkennen,

nicht mehr mit Armen zu kurz,
mit Leitern, denen es immer
an einer Sprosse mangelt,
von Fallobst leben, Kompott.

Süß und süßer, fast schwarz;
Amseln träumen so rot –
wer küßt hier wen,
wenn die Liebe
auf Stelzen in Bäume reicht.

Pan Kiehot

Ich sag es immer, Polen sind begabt.
Sind zu begabt, wozu begabt,
begabt mit Händen, küssen mit dem Mund,
begabt auch darin: Schwermut, Kavallerie;
kam Don Quichotte, ein hochbegabter Pole,
der stand bei Kutno auf dem Hügel,
hielt hinter sich das Abendrot
und senkte die weißrotbegabte Lanze
und ritt den unbegabten Tieren,

die auf Motore angewiesen,
direkt ins Feldgrau, in die Flanke . . .

Da brach begabt, da küßten unbegabt
– ich weiß nicht, war'n es Schafe Mühlen Panzer –
die küßten Pan Kiehot die Hände,
der schämte sich, errötete begabt;
mir fällt kein Wort ein – Polen sind begabt.

Mein Freund Walter Henn ist tot

Nie wollte er schlafen gehen.
Seine Müdigkeit blieb sitzen und sprach sich weg.
Er verstand es,
  dicke Worte
    schlank dahergehen zu lassen.
Vor ihm hatte Symmetrie keinen Bestand;
er zerlächelte sie.
Seine Leichtigkeit machte Säulen arbeitslos.
Mit Taubenschritten
  trat auf
    sein Witz.
Die Technik gehorchte ihm meistens.
Für jedes Wunder erfand er sich neue Schwebemaschinen.
Wir sprachen über Vogelscheuchen;
die sollten mobil werden.
Er wog mehr als Bayreuth und weniger
als ein Pfund Kirschen.
Und wollte nicht schlafen gehen.
Nichts besaß er lange.
Alle liebten ihn unerbittlich.
Er spielte um,
  gegen

und mit Minuten und Geld.
Selbst Wasser trank er süchtig.
Vom Eisbein,
das er gerne aß,
ließ er fünf Viertel übrig.
Und fürchtete sich vor dem Zahnarzt
Und umging seine Probleme:
links und rechts stehende immergrüne Alleebäume.
Und machte runde Frauen glauben,
sie seien fadenscheinige Mädchen.
Und zwirbelte seine einunddreißig Jahre alten Haare.
Und wollte nicht schlafen gehen,
weil er noch sprechen wollte,
weil sein Durst noch hellwach war,
weil sein Theater nie aufhörte,
weil ihm zu jedem Abgang drei Auftritte einfielen,
weil er das Ende nicht fand und nie suchte:
listige Entschuldigungen,
Papierdrachen,
Kulissen hin und her geschoben ...
Doch jetzt ist mein Freund,
der nie schlafen gehen wollte,
tot.
Nein. Sagt nicht frühvollendet.
Sprecht nicht von Göttern,
die ihn liebten,
wie das Gerücht weiß,
sprecht vom Betrug, von der dummen
und viereckigen Ungerechtigkeit,
von der Polizeistunde,
die da sagt: Schluß machen, Herrschaften!
von uns, den Blutegeln sprecht
und vom Loch, das zurückbleibt:
nicht aufzufüllen – hineinstarren – schlaflos.

PAUL CELAN

Bei Tag

Hasenfell-Himmel. Noch immer
schreibt eine deutliche Schwinge.

Auch ich, erinnere dich,
Staub-
farbene, kam
als ein Kranich.

Anabasis

Dieses
schmal zwischen Mauern geschriebne
unwegsam-wahre
Hinauf und Zurück
in die herzhelle Zukunft.

Dort.

Silben-
mole, meer-
farben, weit
ins Unbefahrne hinaus.

Dann:
Bojen-,
Kummerbojen-Spalier
mit den
sekundenschön hüpfenden
Atemreflexen –: Leucht-
glockentöne (dum-,
dun-, un-,
unde suspirat
cor),
aus-
gelöst, ein-
gelöst, unser.

Sichtbares, Hörbares, das
frei-
werdende Zeltwort:

Mitsammen.

Zürich, Zum Storchen

Für Nelly Sachs

Vom Zuviel war die Rede, vom
Zuwenig. Von Du
und Aber-Du, von
der Trübung durch Helles, von
Jüdischem, von
deinem Gott.

Da-
von.
Am Tag einer Himmelfahrt, das

Münster stand drüben, es kam
mit einigem Gold übers Wasser.

Von deinem Gott war die Rede, ich sprach
gegen ihn, ich
ließ das Herz, das ich hatte,
hoffen:
auf
sein höchstes, umröcheltes, sein
haderndes Wort –

Dein Aug sah mir zu, sah hinweg,
dein Mund
sprach sich dem Aug zu, ich hörte:

Wir
wissen ja nicht, weißt du,
wir
wissen ja nicht,
was
gilt.

Die hellen
Steine gehn durch die Luft, die hell-
weißen, die Licht-
bringer.

Sie wollen
nicht niedergehen, nicht stürzen,
nicht treffen. Sie gehen
auf,
wie die geringen
Heckenrosen, so tun sie sich auf,
sie schweben

dir zu, du meine Leise,
du meine Wahre –:

ich seh dich, du pflückst sie mit meinen
neuen, meinen
Jedermannshänden, du tust sie
ins Abermals-Helle, das niemand
zu weinen braucht noch zu nennen.

KEIN HALBHOLZ MEHR, HIER,
in den Gipfelhängen,
kein mit-
sprechender
Thymian.

Grenzschnee und sein
die Pfähle und deren
Wegweiser-Schatten
aushorchender, tot-
sagender
Duft.

STEHEN, IM SCHATTEN
des Wundenmals in der Luft.

Für-niemand-und-nichts-Stehn.
Unerkannt,
für dich
allein.

Mit allem, was darin Raum hat,
auch ohne
Sprache.

Wirkliche Tafel

Wenn die Schieferwand bricht,
gewinn ich
die wirkliche Tafel,

schreibe den Berg darauf,
rieselnden Schieferberg.

Schwalben umstechen ihn
und den wachsenden Wein.

Ihr Nest:
die Achsel
des Herrn auf dem Weinberg,

die Achsel des Bettlers.

Mittag

Es ist
der Sang
der schmalen Wassersäule.

Gefieder weiß ich,
stilles,
in der Buche.

Auf seiner Sandbank
schläft
der Wasserwerker.

Ja,
geh vorüber
eigenem Gewahren.

Vogelwolke

Ein Abend,
starrend von Staren . . .
und wärs auch
Wortspiel, es schafft sich
Wahrheit,
so schwarzes Gezwitscher,
ein unerhörtes
im Labyrinth.

Das muß
der Herbst sein. Er
runzelt die Braue:
Die Vogelwolke
steigt auf aus
besudelten Wipfeln

und nimmt nach
Norden
unverständliche Richtung.

Atem der Steine

Ja, sie, die sich vergißt,
wenn der Sturm bricht
aus der steinernen Höhle,

Windgott, geharnischt;
vergessen: Sprache.

Getilgt; und wieder
geerbt in des Lebens
Rede von Traum und Leib . . .

Sie aber haben Gespräch:
Steine mit Steinen,
klirrendes, spröde
Lettern, mächtige,
in der Höhle Schlund,

und sie werfen,
was sie selber nicht sind,
Atem jäh
über den Erstaunten.

Über Dächer, Hähne hinaus

Feuer, das Leitern erstieg,
Leitern und Treppen
erstieg, gewundene,
und über Dächer hinaus,
über Hähne hinaus
immer höher stieg,
wo
langte es an, wo
erschreckten sich
seine nackten Sohlen
am Kalten?

O ein hochgeführtes
Wünschen stieß

an eines Engels Leichnam,
fiel auf Schnee, die
winternde Sprache.

AM MEER
ein Lachen, sie haben
den Fisch gefangen, der spricht.
Doch er sagt,
was jedermann meint.

MAX HÖLZER

Nacht der Abflüge

Für Hans Arp

Nacht der Abflüge

Was strömt zurück

Mild brennt es wie in alten Lampen

Wolken entwurzelten Weines
        Küsse einer Toten

Der Blitz schlug in die Scheune ein, die Druckerei,
die Lettern schmolzen und breiteten einen Spiegel
über den Sand

Zeit

klare Quelle

versiege nicht

Cézanne

Bei ihm lernten
Felsen und Bäume
durchsichtig sein

Hügel
aus Äther
unwiderruflich

Grüne Essenz
Grün
in blauer Haut

Der Umriß
die Helle innen:
Stoff ohne Schwerkraft

Schatten

            stehlen sich
am Fenster vorbei
Diebe
geraubte Stunden
im Arm

deine verstohlene Zeit

Du lehnst
aus dem Fenster
prüfst die Kühle der Luft
den Abstand des ersten Sterns

zu dir
eine Handspanne
von hier bis hin

Die Diebe
stecken die Köpfe zusammen

MANFRED PETER HEIN

Weiße Nacht

Schlaflos weiß
die Denkspur von gestern
die Kiefern weiß überwuchert vom Reif
eines Vogels Stimme
vergeßlicher Augenblick
Wünschelrute über den Augen
Kiefernnadeln
von denen der Reif fällt
auf den Rücken der Hand
Denkspur von gestern
Indianerfährte
im Nesselwald hinter der Ragawietzsch.

Bienen

Nicht lang mehr, nicht lange
zuckst du im steinernen Flur
unterm Hall deiner Schritte zusammen.
Nicht lang mehr, nicht lange, du trittst
im Winkel des steinernen Flurs in die Bienen.
In deinen Ohren Gedröhn,
in deiner Nase der Duft
heimlich und lange und böse
im Winkel des steinernen Flurs
gesammelten Honigs.
Stiche.
Nicht lang mehr, nicht lange.

Warten

Kannst du nicht warten, bis das
Grab über dir einstürzt,
was klopfst du, was schreist du?
Kannst du nicht warten, bis dir
der Ball hart gegen die Brust stößt,
was klopfst du, was schreist du?
Kannst du nicht warten, bis dir
das Kind mit dem schmutzigen Finger
erstaunt übers Kinn streicht,
was klopfst du, was schreist du?
Kannst du nicht warten aufs feuchte
Frühjahr, auf Kinder, auf Spiele, die dich zufällig
befreien, was klopfst du, was schreist du?
Kannst du nicht warten?

CLEMENS PODEWILS

Zenith

Der mich anspringt
jetzt, immerzu jetzt,
gefleckter Räuber
im Baum des Mittags,
Lichtleopard.

Der Wind

Der Wind vom Meer
trägt auf feuchten Flügeln
das Salz aus dem Ozean.
Es legt sich auf deine Lippen.
Das Salz der Tränen,
der Lust,
das Salz,
von dem du lebst.
Der Wind vom Meer
spielt mit den Bäumen,
Ästen, Blättern, Händen, Wimpern.
Ohne zu ermüden.

Kap Sunion

Mit Licht und Meer
die Säulen
bemalt: –

Schmerz versandet
vor
gehauenem Fels.

Steil und tief
die blaue,
andonnernde Zeit.

Ein Vogel
spielt
mit Aufwind und Licht.

Im Lichtschatten

Im Lichtschatten,
an die Eismauer
gelehnt,

eine Hütte,

vom Wind
roh
mit Schneebrettern gezimmert.

Am Kältevorhang,
aus blauen Kristallen geknüpft,

angefroren

die fremde Hand.

wird kommen

die wunde
mein

winter wird kommen
wird's zudecken
mit raben
und schnee

wer bist du
wer könnte ich sein

weiß nicht
sitze im berg

Täglich

Ich lebe
mit Tischen und Stühlen
mit Städten die sich öffnen und schließen
mit einer Erde die auf dem Wasser schwimmt

Ich lebe
mit Kindern die sich den Tod holen
mit Kraut und mit Unkraut

Ich lebe
mit dem Schiff in der Flasche
ein Auge geht auf
das andere unter

Ich lebe
von der Hand in den Mund
jetzt fehlt der Mund

Spät

Der Wind ist hart geworden
er schlägt die Vögel
sie singen nicht mehr

Die Erde ist grau geworden
Schiffe mit Schlaf beladen
keines hält an

Vergessene Stadt

Plötzlich klatschen die Hufe der Pferde
auf den Vierkantbasalt:
Linnich!
Dunkelheit in der ledernen Kutsche,
wie eine kalte Brise
zwischen den hohen Häusern
französisch strengen Profils.
Eine Stimme gelb, fast schwarz,
Rosinenrauch ...
Um abendflinke Augen Lichter; Musik
über rörkalte Wasser.

Welch eine Stadt:
Pelzer, Mergelsberg, Leufen, die Post,
Merkens: Sekt, Pferde, Messinggeschirr,
schwarze Hufwichse; Maischdunst
aus Kellers Brauerei und jetzt auch
der Mahagoniduft aus den hohen Sälen
der Glasmalerei.

Im Postamt
zwischen brauner Wände Rauch
sitzt ein Herr wie in einem Beichtstuhl
hinter einem korbverflochtenen Schalter,
als könne man hier die braune Briefmarke
aus Britisch-Neuguinea kaufen.
Hier im Postamt übernachtet auch
der weiße Engel.
Die Seele der Linnicher Pfeifchenraucher
schläft dort in einem alten Pappkarton.

Welch wunderbare Stadt.

Die elektrischen Birnen
über der dunklen Straße
haben sich soeben entzündet.
Wachend sitzen Männer und Frauen
in den offenen Türen.
Von der unteren Straße her
der Atem der Rör
wie seidene Fahnen aus Frankreich.
Sommerschwärme rötlichen Phlox'
durchziehen die Rurdorfer Straße
und wollen die Treppe herauf.
Die Mutter legt
das gefärbte Haar zur Seite.
Das schwache Sirren der Zentrifuge –
wir schlafen.

Jetzt:
Aus den Fluten der Rör steigt
wie ein Denkmal der Hengst, gewaltig
dehnend den Brustkorb, die Nüstern.
Mondperlen rollen über sein schwarzes Fell,
als habe er sich die Blechplatten
vom Puschkin-Denkmal geholt.
Zwei Mädchen liegen im Fenster,
bleich, mit spitzer Nase und gelbem Haar.
Weiz' Mühle steht offen.
Aus den Gitterkästen fällt das Mehl
in die Schüttelmaschen der Nacht,
gespenstig, totenhaft,
von Mehlfrauen gelenkt.

Eisennaß fliegt das Schwungrad
vom alten Elektrizitätswerk

über die Brücke:
zu speisen die Lampe im Büro.
Und immer die Mädchen im Fenster,
versteint im Traum.
Oh, Anmut des Sommers im Mörtelhaar.
Das lehmige Wasser atmet, drängt,
hinweg über die Gerberei.
In den schwarzgestrichenen Tonpfeifen
an allen Türpfosten
orgelt die Nacht.

Trance

Wie eine Zuckerdose
liegt ihr Mund
im offnen Zelt
an Schwedens Küste.
Darüber hängt der Mond,
das ausgespannte rosa Eßpapier.

Annettes Kutsche auf Rüschhaus

Annette von Droste-Hülshoff 1797–1848

Wie graue Seide, Rosenrauch,
die Kutsche innen mit der hohen Lehne.
Die Polster träumen noch.
Nicht einer hat davon geschrieben:
wenn sich das Fräulein rückwärts lehnte,
und von Resedenbackwerk

träumte,
gleich einer Puppe, die im Waggehäuse
den Sommernachmittag versäumt.

Im Rüschhaus waren dann die Bilder traurig,
im Garten wurden kaum die Bohnen reif,
und Jenny rief:
das aufgesparte Essen wird verderben.

Noch steht lebendig da die Kutsche
und wartet
wie ein abgedienter Gaul
hart unterhalb Annettes Kammer,
ob sich nicht doch
noch einmal
oben in der Wand
das kleine Fenster öffnet:
»*Jetzt*, stummer Wagen
fahren wir!«

»*Nie!*«
sprach der Sonnengott von draußen
auf der Tenne.
»Die Damen sind doch abgereist;
auch Jenny,
schon vor hundert Jahren!«

Die Stille zu ernten

Wie ein Apfel fällt im August,
im Gehäuse die Stille
eines unendlichen
atemlosen Selbstgesprächs
des Sommers
mit dem Sommer –

So fällt uns das Rauschen
das Rote im Ahorn
das Brio der Bienen –
schlagen wir nieder
Verstummte
im Staub –

Wir haben das Ohr nicht mehr
auf Stille zu stoßen –
und schlüge sie
mit Paukenschlegeln nach uns –
die Nüsse die wir ernten
sind taub

Orffgarten

Mein Hindukusch
heißt Arkadien

mein Hindi
ein Älpleridiom

singen die Burschen
zur Zither

ein Pygmäe
im Orffgarten
bindet
den Rottweiler los

ASTUTULI

Der Garten dröhnt –
die Exequien
für den August
haben
die Hummeln übernommen

Heiligenzeit

In der Klosterkirche
der Glassarkophag

Vor dem gekrönten
Gerippe
des Heiligen
der Dichter
sich schüttelnd:

»Stellt mich
so nicht
einst aus«

und er wirft
den Kopf in den Nacken
hört Tuben
vielleicht auch Terzinen –

rauschend
fällt Traumzeit ein

wird Heiliges
Staub

UWE DICK

In jener Nacht

Felsen worfelte Gott
Über die Ebene erhob sich der Donnervogel
sein Schrei
zerriß Mäuse und Kirchen

Die Mutter des Lamms
die schmerzensreiche
erschien der Engelmacherin
in jener Nacht
da Gott
die Ewigkeit hindurchziehen ließ
unter Brücken

da der gebrechliche Baum
seine Krücken
fortwarf
und wie rasend
gegen die Mauer schlug

schneller noch
hämmerte mein Herz
die kahle kalte Wand

Denn draußen wehte Gottes schwarzer Wind
das Eis leckte er von den Wegen

Gottes Wind der Todeswind
fegte hinweg der Normannen Raben
(und keine Küste fanden sie)
Gottes Wind der Todeswind
verwehte des Fatums eherne Tritte

Gottes Wind der Todeswind
trieb die Toten der Welt
durch mein Zimmer:
eine Wolke Gesichter
zog an meinem Bett vorüber
wie Dampf durch eine Küche geht

Im Schornstein aber
des Raben Stimme sprach:

Folge ihnen!

Stationen

Ein seltsam Land durchquerten wir
Da gab es einen Krähenaugenbaum
und ein Duett mit obligaten Augengläsern
und Wesen die sich nicht mehr kannten
nachdem sie sich im Spiegel angesehn

Da gab's ein Erwachen zum häßlichen Leben
(die Weiber gebaren nach der Natur)
und ihre Hornisten bliesen zur Treibjagd
sie riefen den Zweifler zur Halsgerichtsordnung
zur Probe des geweihten Bissens

Fenster blickten fragend zum Himmel
Der Tag trug die Farben der Könige
In Scharen kamen die Unterlinge
Aha-ler Soso-ler aufs Marsfeld gezogen
und Augendiener schmückten mit Astern
die Bajonette der Garde

Der Zweifler aber bestand die Probe
erstickte nicht am Geweihten Bissen

und auch die Bohne des Gottesgerichtes
und auch der silberne Schierlingsbecher
vermochten ihn nicht zu töten

Da murrte das Volk da schwitzten die Richter
und drehten die Hälse in Vatermördern
und änderten Gottes Urteil ab:
»An die Wand mit dem Frevler!
Aug in Aug mit den Schützen!
Denn Grimassen schnitt er
beim Schlucken des Bissens – des heiligen Bissens!
Und somit hat er
den höchsten der Richter
verhöhnt und also
sein Leben verwirkt!«

Der Seher fiel: ein großer grüner Baum

Da riefen die Krähen den Regen herbei
Hirnbrütig walzte das Volk nach Hause
Freund Klapperbein soff Kindlbier
Mütter gebaren Totenköpfe

Der Hüter des Honigs verließ das Land
Die Seen verfaulten   Die großen Städte
erstickten im Kot
Die Tolle Grete ging in Serie
sie fraß das Pulver tonnenweise
Dann schufen sie die Lichtkanone:

Die Menschen sind des Menschen Tod

Es sagte das Mädchen: Ich eile
zum Fest der Schmetterlinge!

Es sprach der Jüngling: »Der Mensch
ist fürs Glück geschaffen
wie der Vogel für den Flug«

Es schwieg der Greis (ein beredtes Schweigen)
Ein Wissenschaftler des Abschiednehmens
wußte er wohl:

Der Wind gibt unseren Worten
gar schnell einen anderen Sinn

Der Wind legt die Herzen frei
die unter der Asche glosen

Der Wind mischt unserem Wein
das Salz der Toten bei

Stumm ging der Greis aufs Meer hinaus
Seine Augen: Fenster mit geschlossenen Läden
Er hatte keinen Blick mehr
für den Todesengel über der Kopfsee
Er wußte: Walaganda hört nicht auf zu träumen
Ungud gab uns Mund und Augen
aber keine Garantien

III

PETER HUCHEL

Caputher Heuweg

Wo bin ich? Hier lag einst die Schoberstange.
Und schüttelnd die Mähne auf Leine und Kummet
Graste die Stute am wiesigen Hange.
Denn Mittag wars. Bei Steintopf und Krug
Ruhten die Mäher müde im Grummet.
Am Waldrand, wo schackernd die Elstern schrien,
Stand halb in der Erde ein Mann und schlug
Mit Axt und Keil aus Stubben den Kien.
Wann war dieser Sommer? Ich weiß es nicht mehr.
Doch fahren sie Grummet, der Sommer weht her
Vom Heuweg der Kindheit, wo ich einst saß,
Das Schicksal erwartend im hohen Gras,
Den alten Zigeuner, um mit ihm zu ziehn.

Der Garten des Theophrast

Meinem Sohn

Wenn mittags das weiße Feuer
Der Verse über den Urnen tanzt,
Gedenke, mein Sohn. Gedenke derer,
Die einst Gespräche wie Bäume gepflanzt.
Tot ist der Garten, mein Atem wird schwerer,

Bewahre die Stunde, hier ging Theophrast,
Mit Eichenlohe zu düngen den Boden,
Die wunde Rinde zu binden mit Bast.
Ein Ölbaum spaltet das mürbe Gemäuer
Und ist noch Stimme im heißen Staub.
Sie gaben Befehl, die Wurzel zu roden.
Es sinkt dein Licht, schutzloses Laub.

Das Zeichen

Baumkahler Hügel,
Noch einmal flog
Am Abend die Wildentenkette
Durch wäßrige Herbstluft.

War es das Zeichen?
Mit falben Lanzen
Durchbohrte der See
Den ruhlosen Nebel.

Ich ging durchs Dorf
Und sah das Gewohnte.
Der Schäfer hielt den Widder
Gefesselt zwischen den Knien.
Er schnitt die Klaue,
Er teerte die Stoppelhinke.
Und Frauen zählten die Kannen,
Das Tagesgemelk.
Nichts war zu deuten.
Es stand im Herdbuch.

Nur die Toten,
Entrückt dem stündlichen Hall
Der Glocke, dem Wachsen des Epheus,

Sie sehen
Den eisigen Schatten der Erde
Gleiten über den Mond.
Sie wissen, dieses wird bleiben.
Nach allem, was atmet
In Luft und Wasser.

Wer schrieb
Die warnende Schrift,
Kaum zu entziffern?
Ich fand sie am Pfahl,
Dicht hinter dem See.
War es das Zeichen?

Erstarrt
Im Schweigen des Schnees,
Schlief blind
Das Kreuzotterndickicht.

Antwort

Zwischen zwei Nächten
Der kurze Tag.
Es bleibt das Gehöft.
Und eine Falle, die uns
Im Dickicht der Jäger stellt.

Die Mittagsöde.
Noch wärmt sie den Stein.
Gezirp im Wind,
Das Schwirren einer Gitarre
Den Hang hinab.

Die Lunte
Aus welkem Laub
Glimmt an der Mauer.
Salzweiße Luft.
Pfeilspitzen des Herbstes,
Kranichzüge.

Im hellen Geäst
Verhallt der Stundenschlag.
Spinnen legen
Aufs Räderwerk
Die Schleier toter Bräute.

Ankunft

Männer mit weißen
Zerfetzten Schärpen
Reiten am Rand des Himmels
Den Scheunen zu,
Einkehr suchend
Für eine Nacht,
Wo die Sibyllen
Wohnen im Staub der Sensen.

Grünfüßig
Hängt das Teichhuhn
Am Pfahl.
Wer wird es rupfen?
Wer zündet im blakenden Nebel
Das Feuer an?
Weh der verlorenen
Krone von Ephraim,
Der welken Blume

Am Messerbalken der Mähmaschine,
Der Nacht
Auf kalter Tenne.

Ein Huf
Schlägt noch die Stunde an.
Und gegen Morgen
Am Himmel ein Krähengeschrei.

Unterm Sternbild des Hercules

Eine Ortschaft,
Nicht größer
Als der Kreis,
Den abends am Himmel
Der Bussard zieht.

Eine Mauer,
Rauh behauen, brandig
Von rötlichem Moos.
Ein Glockenton,
Der über schimmernde Wasser
Den Rauch
Der Oliven trägt.
Feuer,
Von Halmen genährt
Und nassem Laub,
Durchweht von Stimmen,
Die du nicht kennst.

Schon in die Nacht gebeugt,
Ins eisige Geschirr,
Schleppt Hercules

Die Kettenegge der Sterne
Den nördlichen Himmel hinauf.

Schlucht bei Baltschik

Am Abend hängt der Mond
Hoch in die Pappel
Das silberne Zaumzeug der Zigeuner.
Er gräbt es aus,
Wo unter Steinen
Pferdeschädel
Und Trensen schimmern.

Eine Greisin,
Die Stirn tätowiert,
Geht durch die Schlucht,
Am hanfenen Halfter
Ein Fohlen.
Sie blickt hinauf
Ins alte Zigeunersilber
Der Pappel.

Nachts hebt sie aus dem Feuer
Ein glimmendes Scheit.
Sie wirbelt es über den Kopf,
Sie schreit und schleudert
Ins Dunkel der Toten
Den rauchenden Brand.

Die Pappel steht fahl.
Die Schildkröte trägt
Mit sichelndem Gang
Den Tau in den Mais.

Unter der Wurzel der Distel

Unter der Wurzel der Distel
Wohnt nun die Sprache,
Nicht abgewandt,
Im steinigen Grund.
Ein Riegel fürs Feuer
War sie immer.

Leg deine Hand
Auf diesen Felsen.
Es zittert das starre
Geäst der Metalle.
Ausgeräumt ist aber
Der Sommer,
Verstrichen die Frist.

Es stellen
Die Schatten im Unterholz
Ihr Fangnetz auf.

Psalm

Daß aus dem Samen des Menschen
Kein Mensch
Und aus dem Samen des Ölbaums
Kein Ölbaum
Werde,
Es ist zu messen
Mit der Elle des Todes.

Die da wohnen
Unter der Erde
In einer Kugel aus Zement,

Ihre Stärke gleicht
Dem Halm
Im peitschenden Schnee.

Die Öde wird Geschichte.
Termiten schreiben sie
Mit ihren Zangen
In den Sand.

Und nicht erforscht wird werden
Ein Geschlecht,
Eifrig bemüht,
Sich zu vernichten.

Immer zu benennen

Immer zu benennen:
den Baum, den Vogel im Flug,
den rötlichen Fels, wo der Strom
zieht, grün, und den Fisch
im weißen Rauch, wenn es dunkelt
über die Wälder herab.

Zeichen, Farben, es ist
ein Spiel, ich bin bedenklich,
es möchte nicht enden
gerecht.

Und wer lehrt mich,
was ich vergaß: der Steine
Schlaf, den Schlaf
der Vögel im Flug, der Bäume
Schlaf, im Dunkel
geht ihre Rede –?

Wär da ein Gott
und im Fleisch,
und könnte mich rufen, ich würd
umhergehn, ich würd
warten ein wenig.

Eichendorff

Eine Zeit der Brunnen
war und der Gärten – der Wald
ist wie ein Abend gekommen
vor ihm her ging der Efeu
die Erde in ihrer Tiefe
donnert von Strömen – ein Ruf
müßte aufstehen – das Horn
tönt und ich wend mich im Schlaf

Als ich erwachte ich fand
einen Weg um den Bergsturz ein Busch
war dort ich fing einen Vogel
er sang nicht so bin ich im Schlaf
so werd ich erwachen
zuletzt
so werd ich erwachen

Brentano in Aschaffenburg

Zeichen.
Ein Pfirsichbaum
in die Gitter geflochten
unter der Mauer. So bröckelt
heller der Stein.

Ach ein Blatt
gegen die Röte umher:
Mauer, Kirche und Gartenhaus.
Treppen. Die Straße hinab.
Draußen die Wiesen.

Kühl. Lüfte aus Grün.
Vor den offenen Himmel
gebettet der Strom. Im fallenden
Wind das Geheul.

– – –

»Weh, ohn Opfer . . .«
Der Staub auf der Stiege
rötlich, es kommt ein Mann,
dick, die Hand auf dem Herzen,
er schließt an der eichenen Tür.

Dorfmusik

Letztes Boot darin ich fahr
keinen Hut mehr auf dem Haar
in vier Eichenbrettern weiß
mit der Handvoll Rautenreis
meine Freunde gehn umher
  einer bläst auf der Trompete
  einer bläst auf der Posaune
Boot werd mir nicht überschwer
hör die andern reden laut:
dieser hat auf Sand gebaut

Ruft vom Brunnenbaum die Krähe
von dem ästelosen: wehe
von dem kahlen ohne Rinde:
nehmt ihm ab das Angebinde
nehmt ihm fort den Rautenast
  doch es schallet die Trompete
  doch es schallet die Posaune
keiner hat mich angefaßt

alle sagen: aus der Zeit
fährt er und er hats nicht weit

Also weiß ichs und ich fahr
keinen Hut mehr auf dem Haar
Mondenlicht um Brau und Bart
abgelebt zuendgenarrt
lausch auch einmal in die Höhe
    denn es tönet die Trompete
    denn es tönet die Posaune
und von weitem ruft die Krähe
ich bin wo ich bin: im Sand
mit der Raute in der Hand

schöne aussicht

schöne aussicht übers elbknie
von schloß B.
durch den geöffneten garten
zieht stimmengewirr.
schmährufe.
unhörbar: die niedriggehaltnen generationen,
zusammengedreht, vom fleisch gefallen
im miltitzer ländchen.
niegenannter ort, hügelbegrenzt,
da steht noch ein altmodischer kornspeicher,
der graswuchs ernährt seine herde (merino, vollzuchtstandard).
eine trophäe: kam nicht
zu pferd, zu pferd sicherlich,
Novalis?
schöne aussicht!
hier – mein land, ich leg mich ins mittel,
luftfurchen und wolkengang,
mein lichtrecht, ununterbrochen.

miltitzer ländchen: ehemaliger, zeitweilig relativ komplexer Herrschaftsbereich der Familie von Miltitz südlich von Meißen.
Novalis: Novalis war mehrfach zu Gast bei Dietrich von Miltitz auf Siebeneinchen bei Meißen, 1798 wohnte er einige Zeit auf dem benachbarten Schloß Batzdorf.

grabschrift

für meinen großvater
Gustav Moritz Leberecht Kirsten (1873–1907)

ein handwerksbursche aus Sachsen
unterwegs nach Berlin
mit zwei talern im hosenbund.
gegenläufig der frost,
eben noch laubscherer,
der wird seiner habhaft,
legt sich ins mittel,
fährt mit der rauhbank
waldkundig unter den sternorten
im winterdunkel hin,
heftet dem schläfer die mürben sohlen
fest an den Walterschen forst
vor Teltow in der Mark,
maßregelt leib und leben
unterm bettelmantel,
nimmt noch zu protokoll das stiefelmaß,
ruht jäh auf einer silbe,
erwartet so die sprachfindung
des amtsvorstehers von Groß-Beeren.

woherwohin

ich schnauf, ich rühr im schlamm, ich kaue sauerampfer,
ich sitz verdreckt auf einem rodestock im wald
und leb getrost im stande der geflickten hosen.
ich schleppe säcke, karre steine, hebe gräben aus,
werd leben wie der rohrleger, der die schneidkluppe hält.

ich werd ein fuder heu abstechen,
erst wartend sitzen vor der balkenfahrt und sehn,
daß selbst die steine schwitzen.

aufstehn gleich wie nichts, armselig,
lebensgröße: ein staubkorn,
der schädel dumpf und wie verblödet,
aufstehn gleich wie nichts
aus einem erdwinkel, der in der erinnerung
nach einem schub frischer brotlaibe duftet.

ich, angstschlotternd schaf,
  ein sanftes orgelstück zum lebenslauf,
ich, kaffschreiber,
  korrekt vor nackten paragraphen,
ich, landflüchter, dichter im büro,
  entwichen höheren lehranstalten,
ich, redefigur aus erdreich,
  verstreu eine handvoll worte,
ich bin unterwegs ins wolynische Brody
  zu einer unterredung mit Babel und Roth,
ich gehe los, werd eine nacht durch wandern,
  wie es Paustowski tat,
ich, meine freunde, wir gehn, wir reden
  immer ein menschliches wort.

balkenfahrt: Scheunenhocheinfahrt.
Brody: Geburtsort von Joseph Roth; Isaak Babel schrieb über diese Stadt in seinem Tagebuch von 1920.

Zweites gedicht über das fensterputzen

Den rahmen säubern
von der möglichkeit des gitters, den wirbel
von der möglichkeit des galgens, den sims
von der möglichkeit des letzten schritts

Die scheiben putzen, nichts
trübe den blick

Atmen
den frieden der fenster die
nachts nicht verschweigen müssen
ihr licht

Kleine reisesonate

Allegro vivace

Wie der hahn durchs zaunloch,
geduckt, den schnabel fast
am boden, die flügel
angelegt, so
zwängte ich mich
unter dem schlagbaum hindurch

Ich hatte nichts bei mir außer
meinem hunger nach der welt

Böhmen Mähren Slowakei – ein flügelschlag,
Ungarn ein zweiter, dann
schüttelte ich mich,

reckte mich
und krähte

Und da die sonne nicht kam,
pickte ich
ein korn

Auch in Rumänien wächst der mais
nicht in den schnabel

Adagio

Kronstadt, angeschmiedet
an den fuß der Karpaten und an
meinen, ich
darf nicht weiter

Nein, keinen bruder habe ich in Bukarest, nur
brüder

Brâncusi aber zählt nicht

Und irgendwo hoch die sonne Rumäniens, harter
dollar, kaum einzuhandeln gegen
freundliche gefühle

Scherzo

Siebentageregen über Bukarest

Doch die freunde
rollten einen großen weißen käse durch die straßen, leuchtend –
eine sonne, ihre bärte
hielten sie wie schirme

Alle züge endeten in Prag

(Anstelle eines trios)

Von der messerspitze kosteten wir
schafskäse und
verse

Der käse, freunde, war
gesalzener

Allegro ostinato

Zerknittert, ein
ein-leu-schein, zerdrückt
in dunklen taschen Rumäniens, gewechselt
im regen, zerknüllt
zwischen faustgroßen erdbeeren, hühnern (lebendig
gebündelt), rosen, knoblauch, hingestülpt
in den bukarester trolleybussen, die
im sprung genommen werden wie
steppenpferde, betastet
von kellnerfingern, dichterfingern, fingern
der miliz, in
bruderhänden gehalten,
handwarm,
so

  erwachte ich, zurückerstattet
meinem vaterland, geprüft
auf echtheit, dreimal
gewendet, doch

unerkannt und
mit heimlichen fingerabdrücken
neuer freunde

Ungarische rhapsodie 66

Für Tibor Déry

Der schaffner kam in der uniform
eines postillions

In der schwarzen ledertasche auf der hüfte hatte er
die Donau diesen schweren
doppelbrief, versiegelt
mit einem mohnfeld wie
mit einem blutfleck

Budapest schimmerte durch den umschlag
wie vor dem gewitter

Ich durfte nicht öffnen, doch
lange las ich auf der pußta nachts
die steile schrift der blitze

Die kunstbeflissenen hähne von Leiningen

Für Heinz Piontek

Fiele dem einen
das *a* ein, würde er krähen
b – a – c – h

Man schätzt ihn
als meister der variation

(*Reger* ist hier nur
ein komparativ)

Der andre kräht vollendet ein motiv
aus Smetanas slawischen tänzen

Ich lausche, beschämt von den hennen

Im spiegel des geöffneten fensters
picken sie vom schreibtisch mir

das wurmige

Letzte variation über das thema ›die post‹

Eines morgens
wird er läuten als
briefträger verkleidet

Ich werde ihn
durchschauen

Ich werde sagen: warte bis
der briefträger vorüber ist

Film – verkehrt eingespannt

Als ich erwachte
Erwachte ich im atemlosen Schwarz
Der Kiste. Ich hörte: Die Erde tat sich
Auf zu meinen Häupten. Erdschollen
Flogen flatternd zur Schaufel zurück.
Die teure Schachtel mit mir dem teuren
Verblichenen stieg schnell empor.
Der Deckel klappte hoch und ich
Erhob mich und fühlte gleich: Drei
Geschosse fuhren aus meiner Brust
In die Gewehre der Soldaten die
Abmarschierten schnappend
Aus der Luft ein Lied
Im ruhig festen Tritt
Rückwärts.

Den Fischen das Fliegen
Beigebracht. Unzufrieden dann
Sie getreten wegen des
Fehlenden Gesanges.

Als unnötigen Luxus
Herzustellen verbot was die Leute
Lampen nennen
König Tharsos von Xantos der
Von Geburt
Blinde.

In stärkerem Maße

Zapfentrommler Wald grüner Landsknecht
Mehrfach getarnt: dich erkenn ich am Tritt
Deiner Bäume, ruhelos stampfen sie auf
Auf mich zu, in stärkerem Maße, verdoppeln
Das ist mir bekannt, ihre Besuche, nachts
Oder dienstags, zu Ostern, zu jeglicher Stunde
Erscheinen, wer weiß das nicht, die kürzlich
Im Waldgrab verblichen: Erschlagne, Gehenkte.
Die Drossel sahs, bot Widerstand, sang ein Lied
Sang keines, erdrosselt, wer da in die Grube fiel
So ging er hin, blieb hier in den Bäumen
Kommt, in stärkerem Maße, auf mich zu, warnend
Vor dem, was in mir ist, beharrlich, und sagt:
Wald grünes Blasrohr Geräusche.

Aufwachen, zu zweit

Sanft unsere Beine Arme Zungen
Einander zugeordnet mehrfach, entwerfen sie
Womöglich Grußadressen: Sanft
Wie sie hervorgehn aus der Nacht.

Der schiefe Schornstein

1
Als wir in dieses Jahrtausends Anfang
In Schwärmen kommen, den ersten Schornstein zu baun
Sind wir blaß und kühn wie der Himmel über dem Dreck.
Und wir gehen in Sand und Lärm unter, Sonne
Fegt uns in den Staub, Regen stürzt
Durch unsere leeren faltigen Leiber. Und den Heuschrecken
Ähnlich, die in den Äckern hocken, Schwärme
Gefräßigen Volks, sehn uns die Bauern: die wir
Das Land kahl fressen würden, dann ihre Tische.
Und so sehn sie uns. Aber wir fallen tief
In die verendende Heide. Vor den Baumruinen
Schlagen wir höhnisch los mit der Kraft des Himmels
Der sich blaß und kühn vors Wrack des Planeten spannt
Und nach ersten Wintern, die uns mit schneidender Stimme
Zurück in die dampfenden Städte treiben, stehn wir doch
Wieder, wenn wir uns umschaun, zwischen Himmel und Dreck
In riesigen Schwärmen da, den ersten Schornstein zu baun.

2
Aber der Himmel, tags läßt er den Schornstein durch
Aber sein helles Gesicht tauscht er mit finsterem täglich
Im ungeheuren Segel schleppt er abends, dunkler
Berater der Bauern, Nachrichten in die Gehöfte:
Bald brächen die Heuschrecken in die Dörfer ein.
Und Besorgnis schlägt hoch. Da endlich sehn
Angesehene Bauern ein Seil, schräg hängts, eisern
Dick wie ein Kuhschwanz: das hält den Schornstein. Eine
Nacht und

Vier Pferde wären zuviel fast, ihn unterzupflügen.
Und von Spremberg bis Königsbrück biegen die Landstraßen sich im
Lachen der Fernfahrer, die schon die Türme von Pisa sahn
Und mit tausend Rädern fort dröhnts, tags, nachts, und
Wie Feuer frißt sichs, fliehender, hin durchs Land
Mit jedem Wind kehrt es wieder, aus allen
Rissen des Himmels rasts auf uns, wir sehns schon
Im zerfloßnen Beton, wir suchens in unserer Hand
Unter des Himmels vertauschtem Gesicht nachts.

3
Und mit jeder Stille kommt es und mit dem Lärm.
Und läßt der Himmel nach, der Hund, zerhaun
Von wirbelnden Kränen, schanzen wir uns
Stumm in der Erde vor. Schlamm zieht wie Zweifel
Zäh in die Grube uns, die weicher im Tau
In nie erschöpften Wassern schwimmt. Beton
Schlingert zuhauf, des zweiten Fundaments
Schalungen fliegen, lästige Spreu vor den Pumpen
Und der Armierstahl liegt im verworrenen Gleis.
Das versuchen wir auch. Oder schwärmen
Lässig kneipein, das große Schluckzeug am Hals: für Geld
Schlägt die Schwemme den krummen Schlot aus dem Sinn.
Ein Bauer ruft noch: fein ist der Schornstein! der paßt
In eueren Staat! Dann sieht er den Wind, und ein Wirbeln
Kommt, nicht vom Wind ists, und Bier und Tische
Glas, Himmel, Kies, Kneipe und im Kreis und herum
Und Lärm und Stille kommt noch, dann ist es still.

4
In Flüssen voll Schnaps und in hölzerne Städte verkrochen
Bleiben wir noch zusammen in Angst und Mut
Fraß und Film und Europas seltsame Frauen kühl teilend

Nur mit dem Teufel der Taiga, der in die traurigen Sonntage tollt
Feilschen wir um eine Freude die weißen Gebisse entzwei.
Und nebenher, in einem lauen Jahre
Wächst der zweite Schornstein neben dem ersten groß
Wir laufen nach Süd hundert Schritte und stellen uns müde
Unter des Mittags einfältig gespreiztes Blau vor ihn hin:
Und denken da an einen Leib, warm und leicht im Laken
An den blauen Krug mit der Milch, an den Hügel vom Ginster
gestürmt: und nur
Nicht mehr an ihn. Doch dann nehmen wir doch
Die ganze verfluchte Gegend unter das Lid:
Da ist die Sonne. Der Himmel. Und jetzt kommts
Ganz heiß, und wir blicken erst lieber vorbei.
Und nach den Tagen in Angst und Mut, die wir hatten
Haben wir den, da beide gerade stehn.

5

Als wir sie sehn, die wie zwei gute Soldaten zwischen
Dreck und Himmel gradstehn, und heiß
Kommt das Land vors Auge, steigen wir aus den kleinen
Äckern, aus Städten von Holz, aus diesen brennenden
Flüssen heraus, und der dritte Schornstein
Wächst uns davon, ein Dreizack reckt
Des Pfützengotts Zeichen, sich aus der Öde auf.
Um die Dörfer setzen wir ganze Schwärme
Schornsteine aus. Bauern suchen noch, vergebens
Westlich am Himmel Erklärung für dieses Wunder.
Und blaß und kühn wie ein Himmel, und als sich der Wind
Ein wüster Geiger, in die hohen Drähte wirft
Kommen wir wirklich in die Gehöfte, riesige
Schwärme, nicht um zu fressen nur: um dies gemeinsame
Arbeiten herzuzeigen, wir, ungeduldig
Genug nun, den Bauern: hier, in des Jahrtausends
Anfang, als wir die Schornsteine baun.

KURT BARTSCH

Chausseestraße 125

Brecht sitzt wie eh und je
im schaukelstuhl und schnee
fällt auf die gräber hin
Brecht schaukelt her und hin
und lutscht an der zigarr
die nie erkaltet war
rauch steigt schwarz aus dem dach
der winter ist schon schwach
die mütze hängt am nagel
es fallen stein und hagel
bald gibt es blattsalat
(bis man genug von hat)
Brecht schaukelt noch ein stück
er hat noch einmal glück
dann ist es abends acht
kein licht ist angemacht
da seh ich einmal her
der schaukelstuhl ist leer.

Portrait eines alten Mannes

Seht, Genossen, diesen Weltveränderer: Die Welt
er hat sie verändert, nicht aber sich selbst
Seine Werke, sie sind am Ziel, er aber ist am Ende

Ist dieser nicht wie der Ochse im Joch
des chinesischen Rades? Die Wasser
hat er geschöpft. Die Felder
hat er gesättigt. Der Reis
grünt. Also schreitet dieser
voran im Kreise
und sieht auch vor sich nichts, als
abertausendmal eigene Spur im Lehm
Jahr für Jahr wähnt er also, der Einsame
den Weg zu gehen der Massen. Und er läuft doch
sich selbst nur nach. Sich selber nur
trifft er und findet sich nicht
und bleibt sich selber immer der Fernste

Seht, Genossen, diesen Weltveränderer: Die Welt
er hat sie verändert, nicht aber sich selbst
Seine Werke, sie sind am Ziel, er aber ist am Ende

Das seht, Genossen. Und zittert!

Soldat Soldat

1
Soldat Soldat in grauer Norm
Soldat Soldat in Uniform
Soldat Soldat, ihr seid so viel
Soldat Soldat, das ist kein Spiel
Soldat Soldat, ich finde nicht
Soldat Soldat, dein Angesicht
Soldaten sehn sich alle gleich
Lebendig und als Leich

2
Soldat Soldat, wo geht das hin
Soldat Soldat, wo ist der Sinn
Soldat Soldat, im nächsten Krieg
Soldat Soldat, gibt es kein Sieg
Soldat Soldat, die Welt ist jung
Soldat Soldat, so jung wie du
Die Welt hat einen tiefen Sprung
Soldat, am Rand stehst *du*

3
Soldat Soldat in grauer Norm
Soldat Soldat in Uniform
Soldat Soldat, ihr seid so viel
Soldat Soldat, das ist kein Spiel
Soldat Soldat, ich finde nicht
Soldat Soldat, dein Angesicht
Soldaten sehn sich alle gleich
Lebendig und als Leich

Soldaten sehn sich alle gleich
– lebendig und als Leich

Kleiner Frieden

Kinder, die aufwachen
Frauen, die Morgenwäsche machen
Männer, die ein Gedicht schreiben *über*:

Kinder
          die aufwachen
Frauen
          die Morgenwäsche machen
Männer
          die ein Gedicht schreiben

Korrektes Haar

Ich brauche immer lange, eh ich anbeiß
Bei dir besonders. Liegts am Haar, das so
Verflucht korrekt ist, keine Strähne selbständig
Daß ich vermut, du schläfst bewegungslos?

Auch wird mir deine Freundlichkeit jetzt unheimlich
Das kann nicht gutgehn auf die Dauer, denk ich
Und steigre meinerseits die Komplimente derart
Daß Unernst vorherrscht und Routine aufkommt

Und das ist falsch. Denn wenns an deinem Haar liegt
Das du dir ordnest mit Routine, brauchts
Den derben Griff, der plötzlich planlos zugreift:
Nicht nach dem Haar, das löst sich dann von selber.

So weit der Plan. Berechnendes berechnen:
Ich denk nicht gern dran, aber leider oft.

Der Krach

Im siebten Jahre in der Hahnenfrühe
Stand sie am offnen Fenster und sie sprach:
Ich gebe mir seit sieben Jahren Mühe
Seit ich die Hohe Zeit vom Zaune brach.

Gut, sagte ich, eins hast du wohl vergessen:
Du trägst jetzt ein ganz anderes Gesicht
Auch hab ich deine Hüften nachgemessen
So waren die vor sieben Jahren nicht.

Ja, sagte sie, die Lippen sind jetzt herber.
Das hör ich, sagte ich, in gelber Früh.
Sie ging sofort. Ihr Schritt war größer, derber
Als je zuvor, auch Türen schmiß sie nie.
Ich weiß noch, was ich durchs Fenster schrie.

So wurde ich, der Angeworbne, Werber.

Gegensonett 1966

Irrtum Irrtum und mein Blick umnachtet
Dich sehen und nicht dich sehn! für Schimäre
Wahrheit achten, in zwei Jahren hab ich
Zwei Jahr verloren, Narr! begreif das:

Ich begreifs nicht. Nicht dich lieben wollte
Der, Knoblauch fressend mit Bosheit abends
Du nassen, wie die Alten metaphorisch
Sagten, Blicks, mir ist der Star gestochen.

Es ist zu viel, wenn Einer um sich blickt
Und Schönes siehet, und der Zeit Punkt Augen-
Blick ist Höhlung, ungefüllt mit Liebem:
Ich war der Mann, der weint und singend geht

Singend was? der Finsternis Geschichte.
Jetzt bin ich ich, und liebe lehre dichte.

IV

HELMUT HEISSENBÜTTEL

Zeitgenossen

I
blond und doch dagegen

II
grau und immer noch Wandervogel

III
vorsichtig und kurzsichtig

IV
PGiR

V
zwei Deutsche begegnen einander und reden deutsch
miteinander

VI
wer einer Meinung ist ist nicht immer einer Meinung

VII
Aale sind schlechte Parteigenossen

VIII
sowohl schamlos als auch verantwortungslos
sowohl unbelehrbar als auch unverbesserlich

IX
gebrauchter Wunderknabe

X
der Mensch der ein Mensch war

XI
ein älterer Altkommunist und eine ältere Altkommunistin
singen zusammen ältere altkommunistische Lieder

Sommerporträt: Villa Berg

gegeneinander gestellt einander durchkreuzend und aufgebogen im Abend verzogen und gelb vor nachmittags bald beinah ein bloß besonders bald bloß besonders beinah und lieber lei-

der oder oft halbwegs und unter teils teilweise trotzdem tatsächlich Blick blicklehnt lehnt oben anblickgenährt und unbegreiflich trotzdem trotzdem unbegreiflich gebüschelte Blät-

ter gebüschelte Haut ziegelfarbig beschwemmt im Halbschlaf Vornübergebeugtes zuckend Schatten Gebüsch Kohlweißling im Steinweiß Karrees weitausgebreitet die ersten weißen

weitausgebreitet und auseinandergestrebt selbst die im Kuckloch wiedererscheinend erscheinend kopiert eingestanzt ineinander gestanzt fast senkrecht verdoppelt verdoppelte

Horizonte fast senkrecht was rund schwarz duff flach gespalten querdurch Angst die Todesangst das Gesicht das dick undeutlich ziegelfarbig dahinter Schatten ein Mund halbauf dahinter blau gespiegelt zurecht aus Unbekanntheit gebastelt der kleine Junge der hoffte wirklich und der vertraute Gebärde daß reden nichts nützt Sprache garnichts garnichts als

Vorbehalt Vorhalt sogar Geräusch nicht sommerbewölkt die Wölbung des Sommers selbst weitausgebreitet ein Vorhang aus einverstanden ich habe erklärt nun und bald nicht für lange

Gedicht über Nachdenken

aufgewacht in einer Gegend aus viertelstündlich schlagenden Kirchturmuhren unsicher in schräghin stürzender Vogelwolke muldenförmig und unbekannt was dahinter durchdringendes Querlicht Landschaft aus

nachgedacht nachdenkend muldenförmig das Hindurchtreten der Sache durch das Gerüst Apfelbäume im Winter gerissener Wolkenabhang Tintenmolke pink kobaltkalt wischstrichig gelb gelocht das Hindurchtreten der

Sache durch das Gerüst blaue Glitzerschrägen filigran als wärs womöglich und unwahrscheinlich oder bloß übrig geblieben wenn es soetwas wenn anders es wirklich dergleichen gegeben muldenförmig noch eben noch

richtig noch beinah treffend noch eben genau Beaujolais und Carl Stamitz der Zirkel der schließt den Kreis ab quer übers Ganze querüber Diagonalen wie Stücke Dunstscheibe quer hinter Gitter Geflecht der Apfel-

bäume talab Astgitter Angstgitter Angststrom talab durch Gitter hindurch das Gerüst das des sinnlich

Wahrnehmbaren entgegen Anschaubarkeit querüber Blendflicken schräg schräg unten unbeweglich wie

Stücke Anschauung dessen womits rekapituliert rückspricht rückgesprochen Rücksprache halbhoch Panorama geblendet vor Draufsehn blickblinddraufstoßend stürzend gestürzt unaufhaltsam spiralenförmig herab-

bewegt Ratio gleich Korrektur kybernetischer Fehlleistung eingebohrt Erfahrung gleich Aufgabe dessen was da Abschied Abschiedsbilder Abschied von Abschied Abschiedsbildabschied

WALTER HÖLLERER

Durch eine Ritze

durch eine Ritze
den Atem einziehen
in ein Blechgehäuse auf Fahrt
noch fiebrig nach Sympathie
jetzt sorgenvoll
jetzt Beton, Loch im Schädel

mein Jahrgang
überhäuft mit Notizen

zwischen den Stellwänden
auf und ab defilierend
dezimiert in Fallschirmabsprüngen
im Ziegelmüll

es wachsen die Stehkragen aus Papier wachsen höher über
bewährte Straßen mit
tabula-rasa-Parolen
Zielwasser schmatzenden Trögen das
Scheitern des Versuchs genießen statt
enttäuscht zu sein: der läßt
die Mythen Aspekte der Maschine für die er die
Sprache hält aufleuchten und zeichnet diese
Maschine perspektiventreu; der gibt
eine Ahnung von der Überlegenheit der
Maschine: »Rom war, ohne Ironie, wunderbar!«
und
»man betrügt sich selbst als menschliches Wesen, wenn
man nur dem Stil der hohen Kultur Achtung
bezeigt, was man auch sonst

im geheimen tun oder fühlen mag« und
»wenn Worte den privaten Traum bloßlegen, legen
sie auch
öffentliche Probleme bloß«, z. B.
»der große Pomp beim Einzug im ›Prinzen
von Homburg‹,
der mich begeistert hat« denn
»ich schwärme für einfache Genüsse«, ein
Erfinder von Sensibilities – und

nach draußen (Kontinent, zerrissen)
die sich ändernden Schatten der Sinne
(Telefonie),
die Bezeichnung erfinden

Vom Feuerlöschen

Feurio wie das Stroh sich verspritzt
aus dem Dach
was hier pennt das verbrennt
was hier nicht ums Leben rennt

so komm mit deinem Schwall
es dürstet ja die Leute überall

wie es kroch aus dem Loch dem Kontor
dem Häuserbauch
was Verstand hier verband
schwelt und schmort und wird zuschand

so komm mit einem Schwall
es dürstet ja die Leute überall

St. Florian pyroman auf dem Dach
für kurze Zeit

arg versengt   Zunge hängt
aus dem Schlund aus dem es schreit:

kommt her mit eurem Schwall
es dürstet ja die Leute überall

ein blitz . . .

ingvar, der wie ein zweiter
tomte brandvakt geht . . .
(aus einem brief)

ein blitz ist im hohen haus des himmels versteckt
die soldaten ziehen auf brandwache fahnen heraus

auf allen vorgelagerten inseln stehen kleine rote
Häuser viel holz die leute speichern sich türme

nicht vieles ist uns von der alten zeit geblieben
in trockenen sommern ist das ganze land wie lunte

heutzutage trommeln sie nicht mehr auch trompeten
schweben in museen der blitz hat hände aus messing

unter einem runenstein wartet ein topf mit milch
sie suchen schon sie schnuppern schon sie äugen

auf die fahnen sind die farben des landes gemalt
die soldaten ziehen auf brandwache das holz singt

die magd wischt die bettkanten mit nassen tüchern
wie sieht so ein blitz aus wie ein feuriger stier

die wildgänse ziehen ganz nieder sie streifen fast
die fahnen über dem runenstein viele federn fallen

die magd kämpft mit dem kopfkissen ein soldat ist
schon da er hütet das feuer er sucht es zu dämmen

am hafenkai stellen sie kanonen auf im himmelshaus
zieht der blitz die pistole er ist ein blonder mann

die soldaten zielen schon sie schnuppern und äugen
auf allen vorgelagerten inseln riecht es nach pulver

die magd ist schön unter den wildgänsen sie umkreist
den runenstein der topf wartet schon wer kennt blitze

über jede munition wird sorgsam buch geführt soldatenart
ein rose aus dunklem rauch ist das lesezeichen seht

der blitz hat einen blonden bart er liebkost zart das
metall der pistole auch er liebt die farben der fahnen

eine wildgans im hohen haus des himmels diese magd
entflieht dem zug der andren sie wittert das pulver

die soldaten erreichen den runenstein sie trinken
von der kalten milch es ist heiß fast august schon

jetzt kommt . . .

jetzt kommt es darauf an ob ich auf meinem
seiltänzerseil den richtigen fußhalt finde

ich bin kein jäger kein hasentöter sechzig
kinder möchte ich zeugen keine hasen töten

unter meiner oberhose trage ich die unterhose
ich besitze eine rote eine gelbe eine lila

ich besitze ein oberhemd unterhemd keines
einen apfelbaum besitze ich leider nicht

ich liebe mädchen ich lehre sie neue sprachen
ich bin ein sprachenlehrer für die mädchen

ich beherrsche das feine nahuatl das quiché
das aymarà das guarani das araucano o ja

ich bin ein spezialist für indianische idiome
ich gebe es zu es bedarf viel guter balance

mein seiltänzerseil trage ich in einer tasche
meine tasche ist nicht von mäusen angenagt

ich komme eben aus stockholm und reise strax
nach paris ich komme nicht weit an diesem abend

ich bin kein jäger kein hasentöter sechzig
mädchen möchte ich packen keine hasen töten

ich lecke den wind wie eine blaue briefmarke
für den nächsten eilbrief an meine liebste

aus der luft springe ich auf die place vendôme
wie ein behender akrobat aus federn und draht

plötzlich im letzten sommer bin ich in malmö
auf einer vespa fahre ich krabben aus ich tus

wenn frischer seewind an deine knöchel kommt
verblauen dir die socken wie eine hübsche ferne

durch die leutnantsgasse rollt ein faß äther
das ist gut abgedichtet da läuft nichts aus

die krabben sind sauberenthülste schöne tiere
enthülste krabben werden keinen flieder fressen

der seewind trägt ein interessantes telegramm
er weht aus dem fischhafen ich folge ihm hurtig

plötzlich im letzten sommer kaufe ich eine mütze
ich setze sie auf schief gerade und in den nacken

durch die leutnantsgasse rollt ein leckes faß
ein seemannsleben aus feingestanzten blechankern

die krabben werden in weiße duftende sahne getan
alle nachbarn nehmen ziegelsteine aus den wänden

meine vespa läßt den morgen wie glasperlen klirren
der flieder ist ein zartbewegter salzstreuer o ja

in allen ziegelwänden der stadt entstehen löcher
die nachbarn gucken sie erwarten sich ein telegramm

y oyes un rumor denso, como
un càntico ensordecido . .

(vicente aleixandre)

berlin, august 1962

landschaft 18

die süsse der nachtigall hat den wald durchbrochen sie
dringt an mein ohr auf wellen des abends kam sie ob sie

gezielt ist wer weiß es ich aber nehme sie wie eine
tasse schöner milch ich trinke der nacht zu sie allein

ist s die mich kleidet in diebstracht wenn ich liebe
suche in mulden auf hügeln unter einem verborgenen baum

ja ich atme das nest das noch ungebaute ein forst auch
in samen der plötzlich erwächst und steht mit hütenden

schatten darin ich in ihrem namen ergreife was zu halten
ist wie liebliche macht der brüste und enge des leibes

oh und die sorgsame stille der hände wenn der mond sich
verspinnt an geschlossenen blüten von blumen du dafydd

verstehst das hast diese sprache gelehrt in zeilen der
vorzeit wie wenn ich jetzt nicht begriffe hader fürchtete

oder das schnauben des hahnreis gerechte götter es steht
ein widerschein des walds in ihren augen als ob ein hauch

von grün zwei helle teiche rührte mein gang ist frei und
aufrecht wer will dem wehren ich frage nicht ich nehme

landschaft 19

in weitem mantel dort geht ewald kleist die bläuliche
tinktur des äthers färbet seine hand um sie ist bran-

denburg darin die luft des tags geboren wird ein hurt-
ger schwan bringt havelaufwärts sie der lilie kreide und

vom teer der brombeer klar vor spandaus ordentlicher ro-
se in der mittagsglut fällt heimlich talergroßes licht

durch s loch des waldes ja der feuerkäfer kreuzt dort
nachts um blumen drehet tags der falter sich doch stille

spricht die fahne und das jagdhorn oh es schweigt in ed-
lem flug auch zieht die schwalbe herbstens fort ein ruch

aus tausend zweigen drinnen nester lagern ja und mädchen
sehn wir die fahnen fertigten und einen der sie trug

es kömmt ein schatten über see um see um see und e. von
kleist führt seinen vorsatz aus vom buchbaum auch fiel

schatten dir oh heilge zeit des sands darauf ein knabe
zag jetzt stapft es klirrt das tuch was fiel fiel frühe

einiges

auf dem tisch
ist ein graues tuch
darauf ein geöffnetes päckchen mit zigaretten
   glänzendes gelb zerrissenes blau
daneben eine halbvolle flasche inländer kirschrum
   (österreichisches erzeugnis)
davor die schreibmaschine mit meinen fingern
links daneben ein kugelschreiber
ein notizheft (orangefarben)
darunter ein weißes blatt papier mit einem gedicht
   titel februar
daneben (schon am rande des tisches) eine abgenützte mappe
   sie ist geschlossen (aber ich weiß was sie enthält)
und wenn ich nicht tippe mein rechter arm
   auf der kante des tisches
mein gesicht schwebt noch eben darüber
es ist ein uhr mittag
das bild des tisches wird sich in kürze verändern

zb werden
unsere gesichter einander gegenüber sein
den mund öffnen und schließen
die hände gabeln und messer bewegen
unsere augen sich hin und wieder treffen

so wagte ich einige voraussagen für die nächste
   viertelstunde
und schließe
mit dem blick
auf die tür

ottos mops

ottos mops trotzt
otto: fort mops fort
ottos mops hopst fort
otto: soso

otto holt koks
otto holt obst
otto horcht
otto: mops mops
otto hofft

ottos mops klopft
otto: komm mops komm
ottos mops kommt
ottos mops kotzt
otto: ogottogott

aus den 30er jahren

trara trara trara
bettler singt

kretsch kratsch
fenster geht auf

gla gla gla gla gla
raschelnd in papier verschwindet geldstück

tsssinnnnnnng
fliegt es durch die luft

daaaaank daaaaank
beßre tage gesehn wirklich höflicher musikant

KONRAD BALDER SCHÄUFFELEN

Schwäbisch

umulmrum

nach	mencha	nei
nach	seflenga	naus
nach	schturgert	nontr
ens	allgai	nauf
	diller	nauf
nach	neiulm	nom
ens	boirische	niber
nach	elchenga	na
	dona	na

Grimm- und Grützlied

Über meiner Schiebermütze
setzt der Tag den goldenen Stander;
hab ich Grimm und hab ich Grütze,
da ist Gutes beieinander.

Rasch verblasener Gefühle
heute Hoffen, morgen Tief:
Das ist Mai auf meine Mühle,
Lunte an den Bürgerbrief.

Zög uns nicht der Wanst zurück,
glaubt nur, was wir steigen könnten!
schön, mit fliegenden Talenten
in das ungestalte Glück!

Der sich so zur Lust erkeckt,
hat sich bald für Wind verschwendet;
wenn der Herbst die Sträucher pfändet,
wird das Bettuch abgeleckt.

Einer zahlt in barem Spaß:
Haare lassen, Federn raffen –
Ach, mein Fell und keine Waffen!
Ach, dein Rock und kein Verlaß!

Siebenschöne, Tausendteure,
weich und aller Lügen wert,
wo ich noch mein Herz befeure,
wird das Licht schon umgekehrt.

Lirum – larum – Löffel steiß,
wie erschlichen, so zerfahren –

daß ich diesen Witz bewahre,
mach ich mir im Dunkeln weiß.

De mortuis oder: Üble Nachrede

Langsam schließen sich die Wunden der Jugend, und nichts will
an ihre Stelle treten.
Auch das Leiden an der Menschheit
wird ja mal zum bloßen Routinefall;
nun, dann kokelt die alte Seele wohl so allmählich zu Ende:
Es geht immer so weiter mit uns,
und wenn es weiter so weitergeht wie bisher,
ist bald Schluß.

Jetzt, zum Beispiel, haben wir auch die Linden schon wieder
im Rücken.
(Wer spricht noch vom Flieder?)
Man wagt fast gar nicht mehr ICH zu sagen bei so viel
Geschäftigkeit.
Bald,
wenn mit unaufhaltsamen Blättern
der Herbst abwinkt,
und gar die Drosseln ihre Lieder einziehn,
heizt du die hohle Brust
– JETZT KOHLEN KAUFEN! –
mit Nietzschewörtern.

Kein Grund zum Aufgeben, Meister!
Auch das Alter ist noch ein durchaus vollgültiger
Lebensabschnitt,
und solange der Stuhlgang gesichert ist,
der Tag doch nicht unerfüllt –
Ah-natürlich,

und dann noch der Trick mit dem Einerseits-Andrerseits,
schleimlösende Dialektik:
Das lernt man doch auch erst in, sagen wir, vorgeschrittenen
Jahren.
Wenn die Spannkraft nachläßt.
Und der Mund sich auftut:
grau
und von Liedern leer.

GÜNTER BRUNO FUCHS

Beschwerde

Was
hat der
mir zu sagen denn? Weil der
seine Arbeit
für so wichtich
nimmt? Andauernd mit sein
Spazierstock
Papier
uffpieken, Leute
anmeckern, Parkwächter
rauskehrn, wie wenn
alle Bäume
bei ihm jelernt hätten,
inne Höhe
zu wachsen.

Soll bloß mal
uffpassen, wer da
morjen nacht
hintern Baum steht
und Schön juten Abend
zu ihm sagt.

Über die Verwandtschaft zwischen Schnee- und Feldhasen

Der Schneehase

Er
bewohnt
ganz Europa
bis zum Kaukasus. In Sibirien

besteigt er die Eisenbahn
und zieht
die Notbremse, sobald ihm
japanische Baumrinde
winkt. Sie behagt
ihm besser
als jede Fußspur
im Schnee, da muß er
sich ducken, in höchster Eile

holt er
den Winterpaß
aus seiner
weißen Weste, äugt
nach Asien, liest
den Brehm
in Pinselschrift: Schnee-
und Feldhasen
ähneln einander, genauer
gesagt: Diese
Tatsache
hat sogar
den Maler Hokusai
erregt.

Der Feldhase

Die Jungen
kommen mit offenen
Augen zur Welt. Sie nehmen
deshalb
augenblicklich
Reißaus

und versichern
in frühen Memoiren, daß sie
des Menschen
flintenschwarze
Mündung
nur vergessen konnten

bei der Lektüre
eines bestimmten Buches von
Francis Jammes.

Karl Spitzweg: Der gefiederte Störenfried

Ein alter, vom Leben zerfressener Mann
hockt in seiner Dachkammer, vergraben in
Bücher und sonstiges Papier, verquirlt in
Gedanken und nichtbekannter Despotie, umgeben
von Sachen, die kaum sich trauen zu atmen aus
Respekt vor der säuerlichen, unstörbaren
Beschnüffelung ihres Herrn.

Dies könnte ein deutscher Dichter sein, nach dem
Resultat seiner Bemühungen zu schließen, auf einer
unendlich wichtigen Suche nach Dichterischem in
dieser Welt. – Und ob es Dachkammer,
gewöhnliches Mietzimmer, die Straße oder sonst
eine Grabstätte ist – er sucht und gräbt, und er
zerlegt die Nachbarschaft, sich und sein Land in
unzählige winzige Stücke, die er zu verstehen
meint, von denen er zetert weit über die Zeit
hinaus, und damit die Leute anödet wie ein
überfressener Kanarienvogel.

Aber die Dachstube ist beinahe leer. Staubige
Luft dringt durch die Ritzen, unnötige Bilder
hängen an den tauben Ohren der Wände,
und die Mäntel warten geduldig auf die so dringend
notwendige Auslandsreise ihres Herrn.

Aber da, welch gräßliche Wiederkehr Wotans,
welch unzumutbare, völlig absurde Vergitterung
des noch übriggebliebenen Ausblicks (durchs
offene Fenster): da setzt sich wahr- und leibhaftig

ein Vogel – ein Rotbrüstchen könnte es sein – auf den Fenstersims und wagt, von einer höheren Warte in die Bücher, ins Hirn, in die ausgetrocknete Seele dieses Mannes hinter den Büchern zu gucken. Ja dieses kleine Würstchen scheut sich nicht, zu pfeifen und piepsen aus lauter Freude am schönen Tag.

– Und das einem deutschen Dichter.

Der arme Vogel, er kann nicht wissen, einen dicken, beinahe gerechten Zorn angepickt zu haben, er findet nichts an Gedanken von Bittergesichten, an Weisheit für den Tod. Und der alte Mann wird, in ehelicher Übereinstimmung mit seinem Stuhl, mit dem Jawort seiner Bücher, sich zornig erheben um den frechen fröhlichen Vogel neu zu belehren, ihm nachzurennen, ihm nachzuschimpfen, über die Dächer, die Stadt.

Aber wenn der Mann außerhalb des verführerischen Fensters angelangt ist, hat er die Wahl,
zu spät zu merken daß er nicht fliegen kann, oder
in aller Bescheidenheit,
dem lustigen kleinen gefiederten Störenfried
endlos über die Häuser, die Dächer nachzufliegen,
wie weiland die Engel,
zur vollen Zufriedenheit ihres Herrn.

mein famili

mein schwester strickt am grünen strumpf
so heiß und groß so dick und weich
so seltsam übers knie gebeugt
mein schwester mit dem roten rumpf

mein oma liebe oma so
so faltig pergament so dünn
so vogel hals so fistel stimm
so mürrisch mittags abends froh

mein famili im zimmer lung
wo um den schwarzen tisch und rund
mit topf und fisch und zwiebelbrüh
mit hand mit mund mit großem hung

mein vater mit der nickelbrill
mein mutter auf dem küchenstuhl
mein starker bruder mit dem bart
mein kleine schwester blaß und still

mein famili mein ganze fam
ili mein ganze zwei drei und
mein vier und fünf und zwei und ein
mein famili wie wundersam

wie wundersam wie wir am tisch
am runden tisch von rundem holz
wie faust und gabel hier und hier
faust gabel hier mund da und fisch

mund da und fisch und fisch und kloß
am runden tisch der vater spricht

und ißt den kloß und ißt den fisch
vom tisch und spricht und zwiebelsoß

und zwiebelsoß rinnt ab vom mund
wischt ab ach wischt und wischt und spricht
die schwester hörts an ihrem strumpf
die mutter hörts der bruder und

großvater dort auf dem abort
der hund der hund bunt hinterm schirm
die laus in seinem pelz und ich
ich hörs ich hab im ohr die wort

wie altes brot die wort wie brot
wie schwarzes brot die mutter nimmts
vom küchenbord und lächelt wild
denn trocken brot macht wangen rot

wie glotzt aus seinem leib das brot
wie rollt es rollt es durch die tür
die base sitzt vor dem klavier
und spielt ohn brot ist große not

die schürz der mutter weht herum
die uhr platzt an der wand und da
grinst unterm bottich grinst die schab
der vater spricht seht euch nicht um

der sonntagmorgen

der knüppel haut den rücken krumm
der rücken platzt zur morgenstund
geruch nach frischer semmel und
nach milch und honig geht herum

geläut von glocken welches dort
herr brömel lächelt resolut
vom turme kommt es hüpft das blut
herr brömel haut in einem fort

herr brömel mit dem blauen rock
den rücken mir mit aller ruh
mit blauer hos und gummischuh
schwingt hart und hoch er seinen stock

mit taschentuch und rührt die hand
und schwingt den stock und hebt den hut
den schlapphut und begrüßt den rat
den richter und den leutenant

die köchin mit dem fischkorb steht
dabei und denkt an den frisör
herr brömel der verbeugt sich sehr
die hausfrau kommt die köchin geht

herr brömel aber brav und fest
als polizist und biedermann
der nimmt sich meines rückens an
gibt mit dem knüppel mir den rest

herr trubizin sein spießgesell
sein kamerad sein zunftgenoß
so stramm und so moralisch groß
herr trubizin ist gleich zur stell

herr brömel und herr trubizin
die haben stöck aus hartem holz
sie grüßen höflich den pastor
und schlagen auf den rücken hin

herr brekel steigt aus seinem bett
und greift zum spanschen rohr und spricht

und zieht die nachtmütz vom gesicht
ach frau bring mir das chemisett

sie bringts und stiefel unterhos
bartbinde schirm und paletot
herr brekel kommt und lächelt froh
und drischt auf meinen rücken los

der knüppel saust es springt mein blut
das fleisch geht auf es geht nicht mehr
von ferne spielt das militär
herrn brekel dem gefällt das gut

herrn trubizin gefällt es schier
noch besser und herrn brömel auch
nur mir gefällt es nicht so gut
so wird gewalt getan an mir

so dreschen dreie im verein
um einen mückenscheißdreck fast
hier ohne unterlaß und rast
auf lump mich schuft mich schubiack ein

mich dreckwanst kartenspieler rüpel
mich branntweintrinker atheist
ihr herren dieses leben ist
dies leben ach es ist schon übel

Gebranntes Kind

Für H. M. E.

Gebranntes Kind
fürchtet das Feuer
Gebrannten Kindes Kinder
fürchten das Feuer nicht

Gebrannten Kinds Kindeskinder
malen sich aus
wie schön die Großeltern brannten
und sammeln feurige Kohlen

Nochmals gebranntes Kind
fürchtet kein Feuer mehr

Asche ist furchtlos

Definition

Ein Hund
der stirbt
und der weiß
daß er stirbt
wie ein Hund

und der sagen kann
daß er weiß
daß er stirbt
wie ein Hund
ist ein Mensch

Negative Dialektik

Die Marxime der Frankfurter Schule
    Die Philosophen
    haben die Welt nur verschieden
    interpretiert
    es kommt darauf an
    sich von ihr verändern zu lassen
gab Anstoß zu
bösartiger Kritik

Die Frankfurter Schule könnte
den Vorwurf des Passivismus
widerlegen durch Hinweis darauf
wie ihre Prominenz
schon längst von sich aus
aktive Beiträge leistet
zur Umgestaltung der Basis
der Interpretation

Sie rang sich zum Beispiel durch
zu der Erkenntnis
    Es ist nicht genug
    Walter Benjamins Texte
    nur verschieden zu interpretieren
    es kommt darauf an
    sie zu verändern
Und das tat sie dann auch

Beim Lesen der Gesammelten Werke Bertolt Brechts

1 Die Paletoten

Ein Gedicht über seine Schulzeit fängt an
»Die ärmeren Mitschüler in ihren dünnen Paletoten«.
Kopfschüttelnd vermerkte ich hier eine falsche Mehrzahl
denn ich wußte
das heißt doch Paletots

Als ich dann in dem Gedicht las was aus der Mehrzahl
seiner ärmeren Mitschüler geworden ist
»In den flandrischen Massengräbern,
für die sie vorgesehen waren«
radierte ich kopfschüttelnd meinen Vermerk wieder aus

2 Vom Sprengen

Sein Titel
VOM SPRENGEN DES GARTENS
machte mich stutzig

Meint er Sprengung
oder Besprengung?
Die Zweideutigkeit

ist ein Fehler
unserer Zeit
nicht seines Titels

3 Zu nachtschlafender Zeit

»Die Behörden sollen eine Untersuchung führen
So heißt es. Im Stadtviertel
schläft niemand mehr nachts.«

Diese Stelle in Brechts Gedicht
scheint uns veraltet
Daran

sind nicht die Behörden schuld die noch immer
Untersuchungen führen –
Aber das Volk

hat nachts wieder schlafen gelernt
nicht weil es schlecht ist
sondern weil es am Tag arbeiten muß

Um aber schlafen zu lernen:
sagt es:
Was geht das uns an?

4 Das Bleibende

Mein Freund H. las uns vor
aus den Gedichten nach 1933
»Der Sieg der Gewalt
Scheint vollständig.

Nur noch die verstümmelten Körper
Melden, daß da Verbrecher gehaust haben.
Nur noch über den verwüsteten Wohnstätten die Stille
Zeigt die Untat an.«

Sein zwölfjähriger Sohn
fragte verwundert:
War denn auch damals schon
Krieg in Vietnam?

Armes Schwein

Um zwei Uhr nachts stürmten wir das Haus
des namhaften Kritikers. Der saß noch bei der Arbeit,
sprang sofort erleichtert auf und
nahm die Arme hoch. Sah zu, zufrieden
spielte er Entrüstung, als wir seine Bücher
in die Wäschekörbe packten, faßte aber nicht
mit an. Wir dachten an seinen bekannten
Enthusiasmus für ›La Chinoise‹, ließen ihm also
Majakowskij und Brecht. Schon holte er Wein
aus dem Keller. Als wir die Schallplatten
wegnahmen, sagte er bloß, er wolle von Beethoven
sowieso nichts mehr wissen, bestand aber plötzlich
auf Albert Ayler. Wir stimmten ab, ja der
sollte ihm bleiben. Wir tanzten mit seiner Frau.
Sie lud uns in die Küche, manierlich aßen wir
die Delikatessen auf. Er wollte uns dann
mit Whisky halten. Es wurde hell, wir schleppten
das Zeug endlich raus, da bot er uns das Du an.
Das, fanden wir, ging zu weit.
Da haben wir also doch wieder einen Fehler gemacht.

GASTON SALVATORE

Natascha Ungeheuer singt in ihrer Wohnung in Kreuzberg ein Galgenlied

Dein großes Wort Haß
hält den Feind geheim.
Der Krieg
von dem du redest
hat Tür und Telephon
und antwortet.
Der Feind, mit dem du schläfst
ist für den Hausgebrauch.
Die Angst
die allerorts entsteht
beginnt mit einer Woche im Gefängnis.
Und ein Verhör
genügt nicht
um zu den Waffen zu finden.

Persil bleibt Persil

1
Das war ein Tag den man nicht vergißt. Götter-
und Heldensagen. Winterhilfswerk. Wotan.
Mohrenköpfe. Dr. Goebbels. Altpapier.
Lumpen. Liebesknochen. Der deutsche Mensch.

2
Die ärmsten Söhne des Volkes sind die treusten.
Was sich unsre Hörer wünschten. Vorsicht.
Waren von geringem Wert. Hände weg
von Vogelnestern. Juden raus. Auch du
Volksgenosse gehörst zu uns.

3
Deutsche Erzeugnisse haben Weltruf. Goethe
und Schiller. Turnvater Jahn. Die Reichsautobahn
ist eine Großtat deutscher Technik. Die Maschine
arbeitet genauer als der Mensch. Findlinge
sind Überreste aus der Eiszeit.

4
Entwarnung. Kohlenklau. Das Eintopfessen. Der Führer
spricht. Urahne Großmutter Mutter und Kind.
Hermann Göring. Die Wunderwaffen. Feind
hört mit. Die Kruppwerke in Essen. Der Endsieg.

5
Persil bleibt Persil.

Frage

Mein Großvater starb
an der Westfront;
mein Vater starb
an der Ostfront: an was
sterbe ich?

Ulenspiegel

Für Christoph Meckel

Der Trinker wird ertränkt.
Der Henker wird gehenkt.
Der Richter wird gerichtet.
Ihr seid zu nichts verpflichtet.

Der Krieger wird bekriegt.
Der Sieger wird besiegt.
Der Schläger wird erschlagen.
Ihr sollt die Nacht vertagen.

Der Taube wird betäubt.
Der Lahme wird gestäupt.
Der Blinde wird geblendet.
Der Tag ist schon verpfändet.

Der Lacher wird verlacht.
Der Schlachter wird geschlacht.
Der Fresser wird gefressen.
Der Wind wird euch vergessen.

In abgelegener Gegend

Junge Männer
treffe ich auf der Landstraße
vom Lastwagen
lachen manche.

Nachts
ist Licht über dem Wald
kreisen Drahtkörbe.

Unwissend
unser Dorf.
In neuer Nachbarschaft.

Alltäglicher Vorfall

Dachte ich es
stark zu machen.

Sagte ich
Dreckskommunist.

Trat er mir ins
Gekröse.

Hatte ich ihn
verwechselt.

War er ein
Kirchgänger.

DIETER FRINGELI

Gras

Für Alfred Andersch

Über das Gras
In das sie gebissen haben
Ist Gras gewachsen

Ist das Gras gewachsen
In das wir
Beißen werden

Über das Gras
In das wir beißen werden
Wird Gras wachsen

Wird das Gras wachsen
In das ihr
Beißen werdet

Über das Gras
In das ihr beißen werdet
Wird Gras wachsen

Gute alte Zeit

Das waren noch Zeiten
Als sich noch sagen ließ:
Das waren noch Zeiten

als ich klein war

als ich klein war
wollte ich nur bei richters essen
die kamen aus wottawa im sudetenland
frau richter sagte: als ich klein war
trugen wir lange röcke
keine unterhosen
wir gingen barfuß zur schule
durch moorige wiesen und dotterblumen

frau richter war immer sehr dick
und bekam nie ein kind
als alte frau seufzte sie das leben ist schwer
und kaufte sich kürzere kleider

toni ihr mann durch krankheit taubstumm
durch fingerfertigkeit friseur
rechte bei uns den hof
und trimmte den hund jeden freitag

wenn er gei hera schrie
kam ich in richters säuerliche küche
und sah wie seine frau
die kloßmasse mit einem faden teilte
die war grau und unflätig
schwammig und dampfte betörend
sonntags gab es fleisch dazu
das aßen meine schwester und ich
wenn die saure soße in allen winkeln
des mundes hing war sie gut

nach dem essen klöppelten wir
frau richter klöppelte nur für die kirche
sie ließ mich klöppeln acht oder neun mal
links an der kommunionbank
hängt noch mein stolzes herz

PETER O. CHOTJEWITZ

Dorf

wir lassen die Kirche im Dorf
wenn Neutzen ältester Sohn
seinen steifen gefühllosen kleinen Finger
auf die Herdplatte legt
riecht es nach Schmiede

beim stündlichen täglichen Wasserholen
im Dorf ertrinkt jährlich ein Kind
wir decken es zu so kann es nicht frieren
der Friedhof ist gleich hinter Neutzen Scheune

wir decken den Brunnen mit Brettern zu
der letzte Schäfer erzählt uns Geschichten
man vergrub bald hier einen Schatz oder dort
wenn die Zeiten so waren wie heut aber wo

nun stirbt uns der Mann wir vergessen die Namen
die kindliche Art unserer Liebe in Scheunen
nur einmal im Jahr in Erinnerung am Abend
hängt ein Mädchen im Dachstuhl man schneidet es ab
und begräbt es an Neutzen Scheune

Da hat er gelernt was Krieg ist sagt er

I

Er hat eine Ahnung von Nichtwiederkommen
in der Allee die sich hinten
ordentlich verengt wie auf Fotos.
Aber kaum verschwunden ist er wieder da
kaum bin ich vom Fenster weg
wird er riesengroß auf Fronturlaub
der immer (sagt er zu seiner Frau)
der letzte sein kann.

Er ist im ganzen eine Überraschung
seine Stimme klingt im Korridor
etwas anders
(es ist eher die Stimme seines
Bruders der vermißt ist)
du du sagt er und sieht sie komisch an
und fragt – da bin ich weg –
wo ist der Junge.
Sie stöbern mich auf
ziehn mich hervor knallrot die Augen zu
aus dem Einmach-Regal.
Als hätte ich Spaß gemacht lachen sie
und verlangen von mir das gleiche
ich muß umarmt und geküßt werden
bis ich schreie.

Nachdem ich ihn nicht mehr gemocht habe
mag ich ihn wieder
er spürt das sofort und nimmt von mir
was er kriegen kann.

Es ist das Erlebnis der Weite sagt er
das man in Rußland hat
es ist ein rätselhaftes Land.
Später einigt er sich auf die Bezeichnung:
Land der Gegensätze.

Er ist da in voller Überlebensgröße
will auf einmal wieder mein Vater sein
das kostet ihn Geld und viele Worte.
Ich liebe ihn nur wenn ich reite
auf dem hohen Nacken dieses Vatermenschen
der in Rußland war.

II

Theodor Anton Friebe (40) schlug mich hart
er zog mich hoch aus Zimmerecken teilte
die Schläge in Rationen ein
(zwischendurch drehte er sich um
ob er noch die Zustimmung meiner Mutter hatte
sie weinte nickte aber tapfer zu jeder Ration).
Er ist ein Arschloch habe ich geschrien
wenn Vater kommt der macht ihn kaputt
doch Theo Friebe
(Asthmatiker, stellvertr. Bürgerm.) sagte:
Dein Vater ist mein Freund
wenn du mich erpressen willst hier ist
dein Vater
und nahm das Bild in beide Hände und
trieb mich damit vor sich her
ich wich meinem Vater zur Seite aus
doch Friebe entwischte ich nicht:
Hier ist dein Vater entschuldige dich.
Friebe schlug mich hart in Millingen am Rhein
bis ich mich entschuldigte mit Nasenbluten

bei meinem Vater der danach
wieder ganz ruhig auf dem Klavier stand.

III

Da hat er gelernt was Krieg ist sagt er
brachte aber keinen Streifschuß mit
keinen Splitter im Rücken
der nicht zur Ruhe kommt
der ihn verändert hätte
später
als ich wehrpflichtig wurde.
Er brachte Geschichten von Feindberührung
zum lebendigen Erzählen beim Bier
er brachte das Geständnis Angst gehabt zu haben
was ihn mir nicht glaubhafter machte
aber reinlich stand er da und reimte alles
»Churchill hat gesagt: Wir haben
das falsche Schwein geschlachtet«
und liebte mich ab 47 wieder von vorn
er war nicht amputiert und nicht
gar nicht zurückgekommen
ich weiß nicht ich glaube
ich atmete trotzdem auf.

IV

Er hat überlebt
er kehrte als Heimkehrer heim
Februar 47 es war hell und kalt
die Pappelallee knüppelhart gefroren.
Am Friedhof nahm er die Mütze ab
er hob die Hand
er grüßte von unten herauf
ein schmaler älterer Mann.

Als er im Haus war sah es so aus
als nähme er sich eine Frau
sie sahen sich an er umarmte sie
sie riß sich los und weinte am Schrank.
In der Nacht noch kamen Verwandte
zur Begrüßung mit Eigenheimer Korn
mein Vater war sofort betrunken
sie haben ihn ins Bett gebracht
ich trug die Schuhe hinterher.
Alles fing ganz langsam wieder an
die Schwierigkeiten hielten die Ehe aus
vorläufig gab ich ihm keine Antwort
er hatte den Krieg verloren.

V

Er sprach ich bin gemäßigt
gab immer öfter Adenauer recht
baute ein Haus
kämpfte in der Familie um das letzte Wort
hatte als Angestellter Erfolg
erzog seine Kinder falsch mit Erfolg
trank gern
lachte gern
sah fern
wurde immer gemäßigter
wenn er betrunken war
schämte er sich seiner Tränen nicht
er protestierte mit einer Herzattacke
gegen die Frühschwangerschaft der Töchter
aber was dabei herauskam
das drückte er an sein Herz.
Er stritt mit ihr wer wen überlebe
sie gab ihm unrecht als sie starb.

Vaterhaus

Da steht nicht nur keine Linde
aber wer hinkommt
findet's schön grün
es wächst eine ganze Menge
von früher herüber

So große Söhne kommen
an Weihnachten
in ihren Autos die Frauen
winken schon und schnallen sich ab

Der Fernzug von gestern
ist heute noch nicht vorbei
und unbegreiflich
im Radio noch immer
ein Wolgalied

Auf dem Tisch die Obstschale
auch auf dem Bild
an der Wand die gefüllte
Obstschale

Für Nichtraucher gibt es Aschenbecher
im Keller Werkzeug für alle Fälle
im Duft der Blumen
werden Alte alt

Das Dach ist undicht
die Wanduhr tut es noch
auf der Fensterbank liegen Zeitungen
der letzten drei Tage

Von Kategorien

Unten – das
soll immer schmutzig sein?
Wieso denn!
Wo doch
Wasser
so durchsichtig
aus der Erde kommt
aus der Quelle.
Alles aus der Erde
ist sauber
und der Himmel dreckig,
Schwefelwolken.

Planung

Der junge Revolutionär:
verheiratet ist er auch.
Erst mal
für Nachkommenschaft sorgen.
Wenn sie ihn erschossen haben,
kann der Kleine
gleich weitermachen.

Renovierung

Lehrer
und
Maurer.
Die Maurer staunen:
Nichts wie Papier.

Wörter im Sommer

Super-Sommer; hoffnungslos
ist das Wetter jedenfalls nicht mehr, und
immer frischer Glanz,
                    jedenfalls (und Pappeln
rascheln im See-Wind, denn dieser Wind jetzt
ist immer,
          nein, nicht immer, jetzt aber,
See-Wind) auf den Pappeln, den Reihen
am Horizont in der Kölner Bucht.
                              Früher
sagten wir: Sommerfrische –
                         und die Endlosigkeit
war ein Zustand im August: Große
Ferien; im Meer der Weizenfelder. Nun
muß ich sagen, was Garben sind; die ganz Neue
Generation kennt nicht mehr (es gibt
nicht mehr) Garben; minutenlang dauert
der Dreizehnte August.
                    Berittene plötzlich
(Kornspringer, Reiterverein e. V.) im Staub
und Galopp über ein gelbes und leeres,
rechtsrheinisches Feld, und diese Wahrnehmung,
sonntags,
         verändert den Sonntag. Schatten
der wirklichen Wolken wandern über das Feld,
nein, über die Einflugschneise, und
                              Ibiza
ist in der Nähe, ist in der Nähe
von Wahn. Ein Zeppelin, Zeppelin war

ein Wort
aus den dreißiger Jahren, und
Feldflughafen war das Feld.
Nun wieder,
weiter im Sommer, Berlin, die Bundesliga,
der Giftmüll, die Giftmüll-Lawine,
das Mofa für die Untersekunda
– bald,
nein, bald ist nichts. Endlosigkeit
und Minuten
(bald ist verschwunden
die Ortschaft Knapsack),
ältere Wörter
für etwas im Sommer; gestern war Sommer.

Landschafts-Gedicht

Nutscheid; Name eines Höhenzuges in der Nähe
hier
kommt bloß wieder Privates zu Wort, also
Wasserscheide, Raketenbasis, Römerstraße; Gehöfte noch
soll es geben ohne Elektrisches aber mit Inzucht
in der Verwandtschaft –
nun ist es ein rauchgrauer Nachmittag;
Hügel, Schlucht und Mischwald; absoluter Schnee, Schnee.
Beobachten können wir
nichts
ist im Augenblick wichtig;
es gibt nur den Winter. Dieses leerstehende Bauernhaus
da, was ist denn damit? nichts für die neue Geschichte;
hier geht es nicht los, weißbleibende Welt. Nicht mal
Rheinland im Matsch, Nutscheid im Wörterbuch

der Familie –
nun hängt unser Exportmodell fest; ich
hab's ja gesagt; jetzt müssen wir bleiben bis März, bis
alles ganz anders
im Wald kommt da ein Mann und kommt
ein Hund. Das gibt es also, Mann und Hund
und eine Gewißheit: sie zerstören den Schnee, aber
der Schnee, den unser Heimatsender meldet, ist schon da.
Schön, gar nicht zu fassen, ganz wie
früher
immer, jeden Winter, Schnee mit Krieg. Wie nun
kriegen wir den Wagen wieder frei; ich schiebe ja
und rutsche aber immer weg. So stirbt es sich also, hoch
zwischen Siegtal und Bröltal, Wahn in der Nähe
hier
damals hatte Apollinaire zu tun.

HEINER BASTIAN

kälteerscheinungen

I

eine unerklärliche täuschung
vor dem abend eines wintertages
der sehr klar ist

für formen von kälte aber
bleibt jeder beweis unwirklich

in der luft ist es still

wenn in der prosa
die sätze auftreten
werden die geschichten
immer vergeblicher

da geht ein herr
unbeobachtet seines wegs
seine augen sind so genau
auf einen einzelnen punkt gerichtet
als wüßte er ungeduldig
von vorkommenden geheimnissen

auch das reden über die wirklichkeit ist nur eine form der wirklichkeit.

ich will etwas sagen. ich rede. und schon der versuch ist eigentlich die rede über den versuch. was ich sage, gleicht dem vergessen; daß ich beispielsweise sagen kann »das bewußte gedächtnis« und mir nicht darüber klar bin, einen satz der erinnerung auszusprechen. das reden über die wirklichkeit ist auch die frage nach dem zugang zur wirklichkeit; ich nehme wahr, aber ich will ja gleichsam vorbereitend, schritte machend, mich nähern – den zugang miteinsehen!

die gewohnheit;
die gewohnheit der gegenwart; die vergangenheit;

(das bewußtsein von gegenwart, vergangenheit.)

die sprache, in der du von zeit gebrauch machst;
die sprache des bewußtseins, in der du sie erlebst.

und das bewußtsein,
in dem die gegenwart und die vergangenheit
namen einer einzigen zeitlichkeit sind.

das bewußtsein von gegenwart. die zeit, die
deinem blick folgt; auch wenn du die augen schließt,

ist die vorstellung das geschehen;

auch das reden, das zur zeit beiträgt.
und die zeit, die beiträgt zum reden.

aber die grammatik; die grammatik deiner
sprachlichen gewohnheit, in der du die zeit

erfährst: nicht ein einziger augenblick, in dem
du nicht wahrnimmst. die zeit, die dich forträgt,

von hier nach dort?
die sache, die eine zeit ist?

etwas, das kurz oder lang ist, und etwas
von dauer?

»etwas, das wort erinnerung, wie etwas das neu ...«
»etwas, nur entweder das eine oder das andere ...«

»der tisch, der dir gegenübersteht«; eine
ganze welt von dingen, die dich umgeben.

darin bist du eingeschlossen,
in der wahrnehmung, die mit dir vorgeht.

das, was du wahrnimmst,
vor dem hintergrund deiner erfahrung.

dieser tisch, der von grauer farbe ist.
er ist rechteckig ... das fenster, du siehst auf
das bücherregal; du weißt, daß ein bestimmtes
buch neben einem buch steht,
das du nie gelesen hast.

– die helle wand des raumes. das bild.
– die kälte, die von dem raum ausgeht.
– eine tür, die jetzt niemand öffnet.
– ein stuhl, der von schwarzer und roter farbe ist.

und dieses buch hier kennst du;
und der bekanntheit entspricht ein einfluß ...
ein gegenstand; und hier ist er sein bild.
es ist das bild einer grammatik;

der tisch in diesem raum ... er hat eine farbe,
das glänzende grau einer grammatik,
die seine eigenschaft ist.

und du beschreibst den tisch;

(und sieh einmal von seiner umgebung ab!)

– daß du die kälte des raumes empfindest;
– daß deine aufmerksamkeit ...

– daß du jetzt an ein buch denkst;
[die innervationen]
– daß du dich erinnerst; eine tür,

die offensteht: daß du dich erinnerst, das wort,
das du aussprichst, das dir so unmittelbar jetzt

eine andere zeit vorstellt.
das wort, dem jeder zeitumstand fehlt!

und so beschreibst du den anblick: die gewohnheit,
mit der du von jedem augenblick deiner erfahrung
eine tausendfache vertrautheit hast.

die namen deines bewußtseins; der name,
der das abbild des gegenstandes ist.

das, was du beschreiben kannst,
das, was du beschreibst; namen,

die du besitzt; gesetzmäßigkeiten.

eine ganze welt ist es, die du vergleichst.

(zeigen die bilder deines bewußtseins auf eine
wirklichkeit, die nur dein bewußtsein ist?)

jener graue tisch,
den du wahrnimmst: er ist das bild
einer anzahl von möglichkeiten deiner sprache,

aber jener graue tisch schreibt sie dir vor:

daß dir das abbild das bild erklärt, daß dein
bewußtsein nur sprache sein kann,

in der die wahrnehmung die »wirklichkeit« ist.

aber daß du umkehren kannst, was du behauptest!

daß dir das bild vom tisch den tisch erklärt,
daß dir der tisch das bild vom tisch erklärt.

nimm ihm die namen all seiner eigenschaften;
wodurch ist er die wirklichkeit deines
bildes von ihm?

»der tisch in diesem raum ... die härte; seine farbe.«

du kannst ihn empfinden: aber das gefühl,
daß er sich in vielem deinem willen entzieht!

(und ist das bild wirklicher als sein gegenstand?)

die ränder der wahrnehmung; das bild im zentrum
des bildes ... »du weißt dich zu erinnern« und

die ränder,
die vorstellungen des »zugleich gewußten ...«

(die kälte, die von dem raum ausgeht.)

»daß du dich in diesem augenblick erinnerst.«
»daß du die absicht in der aufmerksamkeit ...«

daß der tisch deine müdigkeit ist;
[und von der zeit hast du kein bild]

was du beschreibst ist nur der augenblick
jetzt in deiner beschreibung.

Die neuen Erfahrungen

1966 /
in Bayreuth /
vor einer Aufführung der Oper »Tristan und Isolde« /
steckte ich /
auf einem Parkplatz /
zum ersten Mal /
eine Münze /
in einen Parkautomaten /:
das war eine neue Erfahrung für mich /
und weil man stolz ist /
auf neue Erfahrungen /
war ich stolz /
auf die neue Erfahrung;

Ich fragte mich:

»Wann habe ich zum ersten Mal eine Tür mit eigenen Händen geschlossen? /
Und wo habe ich zum ersten Mal in einem Stück Brot eine Ameise mitgegessen? /
Und unter welchen Umständen habe ich Wasser zum ersten Mal dampfen sehen? /
Und wo habe ich zum ersten Mal unter einem Zellophansack keine Luft mehr gekriegt? /
Und wann habe ich zum ersten Mal einen Brief EXPRESS aufgegeben?«

Einmal /
in welchem Jahr? /
erwachte ich /

zum ersten Mal in einem fremden Raum /
und bemerkte zum ersten Mal /
daß ich in einem Raum war.

Einmal /
an welchem Ort? /
rief mich jemand /
– »Schnell! Schnell!« /
zu sich /
über einen Weg /
und als ich zurückrief /
– »Ja! Ja!« /
und dann lief /
und dann ankam /
bemerkte ich zum ersten Mal /
daß ich /
früher als ich ankam /
gelaufen war.

1948 /
an der bayrisch-österreichischen Grenze /
im Ort Bayrisch-Gmain /
»in einem Haus mit welcher Nummer?« /
sah ich /
auf einem Bettgestell /
unter einem Leintuch /
hinter Blumen /
zum ersten Mal /
einen Menschen /
der tot war.

In Österreich /
später /
»Wann?« /
Ich weiß nicht /

»Unter welchen Umständen?« /
Als ich einmal aufschaute /
und die Mutter erblickte /
die in einiger Entfernung /
»In welcher Entfernung?« /
In Entfernung von mir /
am Tisch stand /
und bügelte /
überkam mich /
weil ich sie dort /
ERBLICKTE /
zum ersten Mal /
SCHAM /
so daß der Abstand /
zum Tisch /
ein Schamabstand wurde.

1952 /
im Sommer /
als ich /
(vom Leichenschmaus zum Andenken an die gerade beerdigte Großmutter nach Hause geschickt, um einem Trauergast die vergessenen Zigaretten zu holen) /
den leeren /
stillen /
Raum /
betrat /
in dem die Tote /
drei Tage lang /
aufgebahrt war /
und /
in dem stillen /
leeren /
Raum /

nichts erblickte /
als eine kleine schmutzige Lache /
aus einer Vase /
auf dem Fußboden /
hatte ich /
zum ersten Mal /
im Leben /
Angst /
vor dem Tod /
und nur weil man sagte /
daß es einem in der Todesangst /
kalt über den Rücken rinnt /
konnte ich mich /
indem ich mir /
zum Schutz /
die Worte die man sagte vorhielt /
der Todesangst /
noch einmal /
erwehren.

Später /
sah ich /
(nachdem ich immer von *gefährlichen* Irren gehört hatte) /
zum ersten Mal /
einen *un*gefährlichen Irren /:
verschüttete ich zum ersten Mal /
COCA COLA /
in den Schnee /
an der Großglockner-Hochalpenstraße /:
sah ich zum ersten Mal /
in einem Film /
auf den Befehl: HÄNDE HOCH! /
einen Einarmigen /
die Hand /

heben /:
sah ich /
zum ersten Mal /
eine Schaufensterpuppe /
mit Brillengläsern /:
hatte ich /
(als ich mich aussprechen sollte) /
zum ersten Mal /
keinem mehr etwas zu sagen.

Jetzt frage ich mich:

Wann werde ich zum ersten Mal von jemandem hören, der einen Regenschirm mit in den Tod nehmen konnte?

Heute /
(obwohl es heißen könnte: »Ich sehe es *wie* zum ersten Mal«) /
sehe ich /
nicht zum ersten Mal /
ein Bild /
auf dem ein Vertreter der Obrigkeit /
einem durch die Obrigkeit Vertretenen /
nachsetzt /
und *nicht* zum ersten Mal /
lese ich davon /
daß jemand so lange geprügelt wurde /
bis er bereit war /
auszusagen /
daß er nicht geprügelt worden war /
aber /
wirklich zum ersten Mal /
sehe ich heute /
in der Straße in der ich wohne /
vor dem HOTEL ROYAL /
auf dem Gehsteig /

einen großen Fußabstreifer liegen /
und sah vor einigen Tagen /
zum ersten Mal /
das Innere einer Rolltreppe /
und sah /
zum ersten Mal /
einen gerade geangelten Fisch /
in der Faust /
eines Königs /
und sah /
zum ersten Mal /
ZUM ERSTEN MAL /
den Kaffee /
aus der Tasse /
jäh überschwappen /
auf das weiße Tischtuch /
im TRANSEUROPAEXPRESS.

Zugauskunft

»Ich möchte nach Stock.«

Sie fahren mit dem Fernschnellzug um 6 Uhr 2.
Der Zug ist in Alst um 8 Uhr 51.
Sie steigen um in den Schnellzug nach Teist.
Der Zug fährt von Alst ab um 9 Uhr 17.
Sie fahren nicht bis nach Teist, sondern steigen aus in Benz.
Der Zug ist in Benz um 10 Uhr 33.
Sie steigen in Benz um in den Schnellzug nach Eifa mit dem Kurswagen nach Wössen.
Der Schnellzug nach Eifa fährt ab um 10 Uhr 38.
Der Kurswagen wird in Aprath abgehängt und an den Schnellzug Uchte–Alsenz gekoppelt.

Der Zug fährt in Aprath ab um 12 Uhr 12.
Ab Emmen fährt der Zug als Eilzug.
Sie fahren nicht bis nach Wössen, sondern steigen um in Bleckmar.
Der Zug ist in Bleckmar um 13 Uhr 14.
In Bleckmar können Sie sich umsehen bis 15 Uhr 23.
Um 15 Uhr 23 fährt von Bleckmar ein Eilzug ab nach Schee.
(Dieser Zug verkehrt nicht am 24. und 25. 12. und führt nur sonntags 1. Klasse.)
Sie kommen in Schee-Süd an um 16 Uhr 59.
Die Fähre nach Schee-Nord geht ab um 17 Uhr 5.
(Bei Sturm, Nebel und unvorhergesehenen Ereignissen kann der Fährverkehr ausfallen.)
Sie sind in Schee-Nord um 17 Uhr 20.
Um 17 Uhr 24 fährt vom Bahnhof Schee-Nord der Personenzug ab nach Sandplacken.
(Dieser Zug führt nur 2. Klasse und verkehrt nur an Werktagen und verkaufsoffenen Samstagen.)
Sie steigen aus in Murnau.
Der Zug ist in Murnau ungefähr um 19 Uhr 30.
Vom gleichen Bahnsteig fährt um 21 Uhr 12 ein Personen- und Güterzug weiter nach Hützel.
(In Murnau gibt es einen Warteraum.)
Sie sind in Hützel um 22 Uhr 33. *(Diese Zeiten sind ohne Gewähr.)*
Da der Personenverkehr von Hützel nach Krün eingestellt ist, nehmen Sie den am Bahnhofsvorplatz wartenden Bahnbus *(ohne Gewähr).*
Sie steigen aus in Vach gegen 1 Uhr.
Der erste Straßenbus von Vach geht ab um 6 Uhr 15.
(In Vach gibt es keinen Mietwagen.)
Sie sind in Eisal um 8 Uhr 9.
Der Bus um 8 Uhr 10 von Eisal nach Weiden verkehrt nicht in den Schulferien.

Sie sind in Weiden um 8 Uhr 50.
Um 13 Uhr geht der Bus eines Privatunternehmens von Weiden über Möllen-Forst-Ohle nach Schray.
(Nach Schray und Ohle fährt der Bus weiter nur nach Bedarf.)
Sie sind in Schray um 14 Uhr 50.
Zwischen Schray und Trompet verkehrt um diese Zeit ein Milchwagen, der bei Bedarf auch Personen befördert.
In Trompet können Sie gegen 16 Uhr sein.
Zwischen Trompet und Stock gibt es keine Kraftverkehrslinie.
Zu Fuß können Sie gegen 17 Uhr 30 in Stock sein.

»Im Winter ist es dann schon wieder dunkel?«
»Im Winter ist es dann schon wieder dunkel.«

Rollen

Der Singmeister Mazetti.
Lilly, ein Mädchen.
Er selbst, der Herr Amtsgerichtsrat.
Der Affe Mamok.
Der Sesselträger Rot.
Franz, Kellner.
Die Gattin des Ingenieurs aus dem dritten Stock links.
Ein Buffetier im Zirkus.
Flora Baumscheer.
Eine Gnädige Frau.
Mann hinter der Hecke.
Der Baron mit dem Trauerflor.
Baruch, Handelsjude.
Eine Dame aus Bern.
Ein Streckengeher.
Abnormitäten und Oktoberfestleute.

Zwei Näherinnen.
Genien. Gäste. Livreebediente. Bauern.
Volk.

Der Rand der Wörter 2

Wir sitzen am Rand des Feldwegs und reden.
Die größte Not ist lange vorbei, denn am Gletscherrand lagern die Leichen ab.
Wer steht am Rand des Feldes, am Rand des Highway? – Cary Grant!
Am Grubenrand liegt, vom Spaten gespalten, ein Engerling.
Der Rand des Schmutzflecks trocknet schon.
Es wird bitter kalt, und dem Captain Scott fängt die Wunde vom Rand her zu eitern an.
Am Rand der Erschöpfung reden wir alle in Hauptsätzen.
Von den schmutzigen Taschen des Toten haben die Fingernägel des Plünderers einen Rand.
Wir sitzen am Rand des Feldwegs, am Rand des Feldes, und reden, und reden.
Wo der Rand der Wörter sein sollte, fängt trockenes Laub an den Rändern zu brennen an, und die Wörter krümmen sich unendlich langsam in sich selber:
»Diese Trauerränder!«
Dieser Rand der Trauer.

ROLF DIETER BRINKMANN

Selbstbildnis im Supermarkt

Für Dieter Wellershoff

In einer
großen
Fensterscheibe des Super-

markts komme ich mir selbst
entgegen, wie ich bin.

Der Schlag, der trifft, ist
nicht der erwartete Schlag
aber der Schlag trifft mich

trotzdem. Und ich geh weiter

bis ich vor einer kahlen
Wand steh und nicht weiter
weiß.

Dort holt mich später dann
sicher jemand

ab.

Wie ein Pilot

Durch eine völlig
glatte Fläche
ganz aus mono-
chromem Blau segelt

da oben der Pilot.
Man sieht und denkt

das gleichzeitig in
einem Bild zusammen

das mit einem Ruck
verschwindet. Später
sagt man sich, daß
man es selbst gewesen

ist, der dort als
winzig kleiner Punkt
verschwunden ist
wie ein Pilot.

Noch mehr Schatten

Wir sitzen unter einem großen
Baum im Sommer und erklären das
nicht. Wenn es Nachmittag geworden

ist, hat sich die Form dieses
Schattens verändert, und die
Tabletten, die du schluckst

helfen dir nicht mehr, den Mann
in der Ferne deutlicher zu erkennen
der dort mit seinem Hund eine

bestimmte Spur verfolgt. Noch mehr
Schatten finden ihren Platz in dem
Schatten, den dieser Baum den

Abhang hinunterwirft, während wir
hier sitzen bleiben und auf das
Mädchen warten, das uns den

Kaffee bringen wird. Es steht noch
vor dem Spiegel und wischt sich mit
Toilettenpapier den Mund ab.

Dann kommt es lächelnd
auf mich zu, und du siehst das nicht.
Der Lippenstift, den es benutzt hat

ist das einzige Ding auf der Welt
das uns hilft, den Umriß der Figur
auch im Schatten zu identifizieren

denn nun ist es der Baum, der sich
mit allen Blättern bewegt, ohne
seinen Standpunkt zu verändern.

Jedes einzelne Blatt wirft einen größeren
Schatten. Nur du wußtest das nicht.

tagesschau & wetterkarte, das war
der überblick.

die unter verfolgungswahn litten wurden
meistens verfolgt. die methoden
der verfolger spotten der beschreibung.
& schwärzen die sonne.

I said hey die
milchstraße rotiert & jede umdrehung
dauert 2 millionen jahre im hintergrund
dealt der postkarten-devil in disguise;
ich höre die C-seite einer
LP life-verschnitt; ich sehe
das dritte auge sieht mich jedes
bekannte gesicht ein austauschbarer
spion return to sender lady
madonna im unterbewußtsein walt
disneys hymnen an die nacht wispering
words of wisdom let it be.

an ecken & enden stehen belanglose männer
rauchende männer und knipsen agfa klack den
nächsten lebenslauf für wanted die
bilder deiner hochzeit with colours
in the hair let it be.

wie sie die auslagen in den geschäften betrachten.

wir sind möglicherweise zu alt
geworden, ja, alt und tattrig.

du darfst wissen was mit mir geschehen ist diesen sommer in diesem sommer too much baby too much eine wüste meer in my mind zerstörte leute mächtige typen mit zerfressenen augen die schlafstellen entlang in den fallen auf gut wohl die ecke und ende.

die wirklichkeit im nächsten jahr wird
noch viel schrecklicher werden.

es geschah an einem sonnigen juni-vormittag

anne-marie packte schweigend doch tränenüberströmt
die koffer. der könig saß stumm auf der terrasse,
auf dem schoß den kleinen kronprinzen paul. die
rockmaschine liebt dich. jetzt sind die gnadenlosen
drei auf 90 aber die rockmaschine liebt dich trotzdem.

ein schauspieler läßt den satan nicht aus den augen.
freunde versichern mir immer wieder, daß ich blendend
aussehe. fast zweidrittel aller frauen machen preis-
vergleiche besonders bei obst und gemüse. die rock-
maschine liebt dich. junge leute träumen von der
großen karriere. trotzdem liebt dich die rockmaschine
du kannst sie kaufen. anne-marie packte schweigend
doch tränenüberströmt die koffer.

die sonne.

aus deutschen landen frisch auf den tisch
und wenn der ganze schnee verbrennt
die rockmaschine liebt dich. das kleinhirn
hat die form eines liegenden vertikal
abgeplatteten ellipsoides und wird

durch zahlreiche einschnitte in eine
große zahl schmaler windungen geteilt.

die sonne an einem sonnigen juni-vormittag.

ein hoden hatte eine normalschwere von 20–50 gramm.

die sonne an einem sonnigen juni-vormittag
scheucht die vergangenheit wie einen feuchten
traum das spülwasser gurgelt im abgrund die
rockmaschine liebt dich ich klopfe an die tür
heute sind veraltete meere bilder eines
erloschenen planeten die sonne
wechselt ihre schatten als wir uns trennen

ist es mitternacht ich sehe was
was du nicht siehst: ein fremder
in der haselgasse bringt die
rasselbande in wut aber nero
hilft seinen freunden die
rockmaschine liebt dich so
überlebte ich die hölle im pazifik.

die neue mannschaft übernimmt die maschine.
in 6½ stunden wird sie in new york kennedy
airport landen. das ist die freiheit die der
mensch heute braucht. das ist die freiheit

die sonne
in dir.

(wir haben den letzten winter nicht vergessen)

die sonne in dir.

(and remember: it always happens first on records)

WOLF WONDRATSCHEK

Das Gedicht, das 20 Pfennig kostet

Heute ist Queeno glücklich. Sie zieht sich nackt
aus, im Zimmer nebenan findet sie einen Koffer,
tut ihre Kleider rein und geht weg –
Ich sehe nur noch,
daß sie sich nicht entscheiden kann, rechts
oder links zu gehen,
zum Bahnhof oder zum Flughafen –
Ich winke ihr zu.
Aber Queeno dachte nach.
Ein Zwerg, der sich davor fürchtet,
daß man mehr von ihm erwartet –
als diesen kleinen Tod.
Und sonderbar für immer
DIE ANKUNFT DER MINDERJÄHRIGEN KÖNIGSFAMILIE – . . .

Verzeichnis der Autoren und Quellen

Inhalt